Christine Gradl

Mensch! Was machst Du?

Gedanken zu gestern und heute

Wiesenburg Verlag

Bibliographische Information der
Deutschen Nationalbibliothek:

Die Deutsche Nationalbibliothek verzeichnet diese Publikation in der Deutschen Nationalbibliographie; detaillierte bibliographische Daten sind im Internet über http://dnb.d-nb.de abrufbar.

1. Auflage 2013
Wiesenburg Verlag
Postfach 4410 · 97412 Schweinfurt
www.wiesenburgverlag.de

Coverfoto: Josef Gradl

Layout: Media-Print-Service

ISBN 978-3-943528-83-1

Dieses Buch widme ich
meiner
verstorbenen Mutter.

Inhaltsverzeichnis:

Seite

Im Fluss der Zeit 9
Vorwort – In Memoriam 11
Haiku – Mutter 14
Bekenntnis zum Leben 18
Jung und Alt 23
Das Leben der Kinder 28
Der Dienst am Menschen 36
Die Etikette 38
Die Bildung 44
Gesegnetes Alter 48
Die viel zitierten Werte 52
Die sozialen Kontakte 57
Vom Mangel an Zeit 62
Politikverdrossenheit 64
Die Rolle der Kirchen im Alltag 69
Die Gnade des Lebens 76
Die Schöpfung 83
Um jeden Preis 86
Die Not des Sterbens 88
Resümee 93

Im Fluss der Zeit

Endlich geboren - ein Wunder!

Tasten durch Kindheit,
Kampf in die Jugend,
Menschen,
sie suchen,
finden die Liebe,
reifen im Schicksal,

Fülle der Zeit -

münden im Alter -
vergilbt und zerknittert,
maßlose Güte zeichnet Gesichter.
Blicke, sie sehen zeitlos die Weite,
gleiten hinüber
in Ewigkeit.

Vorwort:

In Memoriam

Berührung - Festhalten - Loslassen

Als kleines Mädchen konnte ich mir nicht vorstellen, dass meine Eltern einmal sterben würden.
Als ich älter wurde, wünschte ich mir, dass ihnen ein möglichst langes Leben geschenkt werde.
Als mein Vater starb, ging mit ihm ein Teil von mir.
Als mich meine Mutter verließ, fühlte ich mich entwurzelt.

Werden und Vergehen bestimmen das Leben eines jeden Menschen.

Grübelnd stehe ich am Grab meiner Mutter, die im Alter von 91 Jahren verstorben ist. Viele meinen: „91 Jahre, das ist doch wirklich ein langes Leben.“ Für mich ist der Verlust meiner Mutter übergroß, egal in welchem Alter sie gestorben ist.
Dabei kommen mir unwillkürlich die Äußerungen vieler Zeitgenossen in den Sinn, wie etwa: „Wenn ich mein Leben gut gelebt habe, möchte ich abtreten, bevor ich gebrechlich werde,“ oder: „Ich möchte auf keinen Fall einmal jemanden zur Last fallen.“

Ja - zur Last fallen wollen wir wohl alle niemanden. Aber von einem lieben Menschen aufgefangen werden im Alter, das würde mir schon gefallen.

Und - ich habe festgestellt:

Je älter die *sogenannten Jungen* werden, umso mehr möchten sie noch älter werden.
Wenn die *Jungen* dann alt sind, möchten sie auch möglichst lange gut leben können - nicht anders als die Senioren heute.

„Ihr müsst alle warten, bis ihr sterben dürft", pflegte meine Mutter, der ein mit Freud und Leid erfülltes Leben und ein von Schmerzen geprägtes Alter bestimmt war, lapidar zu sagen. Sie hätte niemals selbst ihr Dasein beendet. Für sie war das Leben in all seinen Konsequenzen wertvoll bis zuletzt.

Sie war mir immer sehr nah, am nächsten in ihren letzten Lebensjahren. In diesem Zeitraum erkannte ich mehr denn je ihre Einzigartigkeit.
Ich sehe sie in Gedanken als junge Frau, die sechs Kinder erzog und eine Nebenerwerbslandwirtschaft überwiegend alleine bewältigte, da mein Vater berufstätig war. Ein beschauliches Alter mit ihm war ihr nicht vergönnt, da er mit 53 Jahren durch einen schweren Arbeitsunfall erwerbsunfähig wurde und sie ihn fortan bis zu seinem 80. Lebensjahr fürsorg-

lich betreute. Nach seinem Tod wurde sie sehr krank und hatte unter dieser Krankheit und zusätzlichen Gebrechen zu leiden. Sie war eine der sogenannten Trümmerfrauen, eine starke mutige Frau, die jahrzehntelang die Verantwortung für die Familie auf ihren Schultern trug. Für ihre Lebensleistung erhielt sie eine kleine Hinterbliebenenrente. Die Inanspruchnahme einer staatlichen Grundsicherung kam für sie nicht in Frage. Sie wollte immer für andere da sein, umgekehrt hätte sie es nie akzeptiert.

Bevor sie nach langer Krankheit sterben durfte, erlitt sie im Seniorenheim einen tragischen Unfall, der ihr Leiden unnötig verschlimmerte, da er in dieser Form verhindert werden hätte können.

Oft denke ich über die Formulierung in Todesanzeigen nach, in denen das Sterben eines lieben Angehörigen mit den Worten: „*Er* oder *Sie* hat uns für immer *verlassen*", vorkommt. Ich habe mich im wahrsten Sinne des Wortes *verlassen* gefühlt, als meine Mutter von uns ging. Diesen Schmerz des *Verlassenseins* spüre ich, obwohl inzwischen fast zwei Jahre verstrichen sind, noch heute. Gott sei Dank tritt der Glanz der Erinnerung langsam in den Vordergrund. Aus dieser Erinnerung schöpfe ich wie aus einer Quelle, die niemals versiegt.

Haiku - Mutter

In meiner Eigenschaft als Haikudichterin habe ich intensive Eindrücke, so wie ich sie in den letzten Lebensjahren meiner Mutter und in der Trauerphase empfunden habe, in Form von Momentaufnahmen in einzelnen Haiku festgehalten:

Sie spinnt ihr Netz
mit Silberfäden im Haar
meine Mutter

Noch einmal
den alten Schulweg gehen
mühsam mit Krücken

Sonniger Herbsttag
Letzte Schatten des Lebens
zeichnen ihr Gesicht

Besuch bei Mutter
Sie verlässt mich immer mehr
und ist mir so nah

Erntedanksonntag
Mamas Hand in meiner Hand
Die Blätter fallen

Weihnacht der Kindheit
Nostalgie im Altenheim
Oh, Du fröhliche....

Ihr Leben ist Nacht
von ferne hört sie Laute
auf dem Weg ins Licht

Mit Mama reden
über alte Zeiten
am Muttertag

Trotz Todesstille
höre ich Dich noch immer
Du bist daheim

In den Himmel schaun
beim Sonnenuntergang
unser Zwiegespräch

Und es wird Sommer
Im Garten Pfefferminzduft
Ein Erbe von Dir

Mein Blick sucht Dich
auf dem Bild an der Wand
Ein Jahr ohne Dich

Aus dem Garten
die späten Rosen für Dich
Du hattest sie gern

Bekenntnis zum Leben

Paradiesträume
zerplatzt im Regenbogen
der Seifenblase

Christine Gradl

Leben
und Leben lassen – meint ein Sprichwort.

Mütter kennen das tiefe Glück, das sie durchströmt, wenn sie spüren, dass neues Leben in ihnen wächst. Wunschkinder sollen es heute sein, denen der Weg ins Leben möglichst bereits geebnet ist, bevor sie ankommen. Es soll an nichts fehlen, zumindest materiell. Dies gilt allerdings nur für die Privilegierten in unserer Gesellschaft.
Die Mehrzahl der Kinder, die das Licht der Welt erblicken, gehören auch in unserem Land der mittleren und unteren Schicht an, die nicht so sehr vom Wohlstand gesegnet ist. Fakt ist, dass die Kluft zwischen *Arm* und *Reich* immer größer wird und das spüren zuallererst die Kinder.

Mütter haben die Macht über das Leben ihrer Kinder, noch bevor diese das Licht der Welt erblicken.

Viele von ihnen ergreift tiefe Sorge, weil sie nicht wissen, wie sie ihre Kinder halbwegs in unsere vom Luxus verwöhnte Gesellschaft integrieren sollen, da sie selbst nicht im Überfluss leben. Ich denke an die vielen Alleinerziehenden oder jene Familien, die am Existenzminimum knabbern.
Kinderarmut, ja Kinderfeindlichkeit sind zweifellos ein Armutszeugnis für Deutschland. Einerseits sind nach Aussagen unserer Politiker Kinder unser höchstes Gut, andererseits schiebt man sie gerne achtlos zur Seite, wenn sie Geld kosten.

Keine Mutter verwehrt grundlos ihrem Kind das Leben.
Kinderlosigkeit, Egoismus der Eltern, aber auch die viel zitierte Chancenlosigkeit sind ein Grund, dass immer weniger Kinder das Licht der Welt erblicken. Allerdings hätten dann in grauer Vorzeit, in der für die Mehrzahl der Bevölkerung bittere Armut herrschte, viele Menschen nicht geboren werden dürfen.
Damals war es weitestgehend üblich, dass Kinder in ehelichen Gemeinschaften zur Welt kamen. Es heißt: „Ehen werden im *Himmel* geschlossen!“ Dem *Himmel* glichen die Partnerschaften unserer Eltern und Großeltern beileibe nicht. Es galt einfach, Freud und Leid miteinander zu teilen. Diesen angeblichen *Ehehimmel* gibt es heute nur noch selten. Außerdem beweist die hohe Scheidungsrate, dass der Auszug aus

dem *Himmel* oft schnell vonstatten geht. Nachdem die Emanzipation der Frau immer weiter voranschreitet, und sich auch Männer nicht mehr so häufig binden möchten, sehen Lebensentwürfe oftmals anders aus.

Trotz allem gibt es Frauen und Männer, die gerne eine Familie gründen würden, aber leider nicht den richtigen Partner dafür finden. Zudem sind viele bestrebt, erst ihr Berufsleben zu sichern.
Das ist an sich nichts Verwerfliches.
Leider sind nur wenige bereit, im gesetzteren Alter auf einen Teil ihres Wohlstandes zugunsten von Kindern zu verzichten oder einen Bruch in ihrer Karriere zu riskieren. Man hat sich eingerichtet in dieser vor Luxus strotzenden Welt. Für einige Zeit wäre es vorbei mit Unabhängigkeit und Flexibilität. Rücksichtnahme, ja mitunter Verzicht wären angesagt. Wie sagte doch ein junges Mädchen: „Ich möchte keine Kinder. Ich will mein Leben genießen. Es soll Spaß machen." Zudem verhindert mitunter die Laune der Natur den Kinderwunsch auf Abruf. Kinder sind schließlich kein Besitz, den man sich zulegt wie ein Auto, das man irgendwann verschrottet oder ein Haustier, das mitunter im Urlaub an der Autobahnraststätte zurückgelassen wird oder im Tierheim landet.

Nein! Kinder sind das kostbarste Geschenk des Lebens.

Trotzdem kommt es nicht selten vor, dass Männer aus Beziehungen flüchten, wenn sie wegen eines Kindes nicht mehr die uneingeschränkte Aufmerksamkeit ihrer Partnerin erfahren oder weil sie sich überfordert fühlen.

Verzweiflung und Ausweglosigkeit in einer kritischen Lebenssituation treiben Mütter dazu, Kinder zu verhindern oder abzutreiben, denn diese Geschöpfe vermögen den Alltag sowohl positiv als auch negativ grundlegend zu verändern. Sie vermitteln uneingeschränktes Lebensglück. Wenn aber Lebenspläne nicht funktionieren und Frauen oder auch Männer auf ihr so notwendiges Einkommen verzichten müssen, können Kinder in Armut führen. Noch immer sind viel zu wenig Arbeitgeber bereit, die entsprechenden Rücksichten auf Eltern mit Kindern zu nehmen. Arbeitszeiten werden nicht flexibel genug gestaltet, und die viel strapazierte Belastbarkeit eines alleinerziehenden Elternteils sind ein lästiges Thema. Nicht umsonst ist eine beliebte Frage bei Bewerbungsgesprächen: "Haben Sie Ihre Familienplanung schon abgeschlossen?"
Alleinerziehende werden sehr schnell arbeitslos, bekommen nur sehr schwer eine neue Arbeitsstelle und landen häufig nach kurzer Zeit in Hartz IV. Dabei verfügen viele über eine gute Berufsausbildung und sind hervorragende Fachkräfte mit einschlägiger Berufserfahrung. Man spricht so gerne in der Politik

von der Wiedereingliederung der *Alleinerziehenden* in den Arbeitsmarkt. In Wahrheit sieht es anders aus. Nicht selten müssen sie Beschäftigungen nachgehen, die weder ihrer Ausbildung entsprechen noch finanziell so honoriert werden, dass man davon leben kann.

Jung und Alt

Ständig unterwegs
auf verschlungenen Pfaden
Endziel Niemandsland

Christine Gradl

Es ist schon fast Mode geworden, die Generationen emotional aufeinander zu hetzen.
Da ist die Rede von hohen Renten und der finanziellen Last, die die ältere Generation den Jungen aufbürdet. In der Tat sind die Zeiten nicht rosig. Aber hohe Renten beziehen nur ganz kleine Teile der Bevölkerung.
Jedenfalls hier in der Oberpfalz können Rentner nur von hohen Bezügen träumen. Da in dieser Gegend keine Durchschnittslöhne bezahlt wurden und werden, gibt es folgerichtig auch keine Durchschnittsrenten. Die Zahl von Menschen mit einer kargen Altersversorgung ist groß. Besonders schwer haben es Frauen, die auf eine Hinterbliebenenrente angewiesen sind.

Es war und ist selbst heute aus verschiedenen Gründen nicht möglich, dass Mütter nach der Geburt ihrer Kinder weiterhin berufstätig sein können. In der Zeit, als ich meine Kinder gebar, gab es in unserer Region keine ausreichenden Möglichkeiten, den

Nachwuchs in die Obhut von Kinderkrippen und KITAS zu geben. Wenn vorhanden, waren die Öffnungs- und Schließungszeiten der Einrichtungen so starr gefasst, dass Beruf und Familie nicht in Einklang gebracht werden konnten. Und eine Oma, die sich um den Nachwuchs kümmert, ist damals wie heute nicht die Regel. So hieß es, sich für oder gegen eine Familie zu entscheiden. Der Wiedereinstieg in den erlernten Beruf nach der Phase der Kindererziehung war zu meiner Zeit reine Glücksache, da die Entwicklung auf dem Gebiet der Technik in fast allen Berufen so rasant voranging, dass nur wenige Frauen mit viel Ehrgeiz dies schafften. Von Jobsharing war damals nur vereinzelt die Rede. Die Mehrzahl musste sich mit Minijobs begnügen, und das wiederum wirkt sich gegenwärtig verheerend auf die Renten aus. Zudem sind Frauen, die ihre Kinder vor 1992 geboren haben, noch immer denkbar schlechter in der Anrechnung der Zeiten für die Rente gestellt, als die Folgejahrgänge, sofern diese überhaupt noch einmal eine Rente erhalten werden. Die Aussage unseres derzeitigen Finanzministers, man könne wegen Geldknappheit Frauen, die vor 1992 Kinder geboren haben, bei der Rentenberechnung nicht gleichwertig mit den später Gebärenden behandeln, treibt mir die Zornesröte ins Gesicht. Diese Worte sind ein klares Indiz dafür, dass die Gleichberechtigung selbst unter Frauen nicht stattfindet. Hier zeigt sich, wie wenig ältere Mütter wert sind.

Die Höhe der Renten insgesamt verschlechtert sich nach den derzeitigen Prognosen zusehends. Man geht davon aus, dass 2030 ein Drittel der Rentner nicht mehr als 688,00 Euro Rente im Monat erhalten wird. Durch die jüngst angestrebte Rentenreform werden auch Rentner, die 35 Jahre durchgehend gearbeitet haben, und deren Bruttoeinkommen im Monat ca. 2500,00 € beträgt, nur mehr 43 % ihres Nettoeinkommens erhalten. Das sind in etwa 688,00 €. In dieser Höhe beläuft sich auch die Grundsicherung. Falls diese Prognose eintrifft, wird das Einkommen vieler alter Menschen dem Sozialhilfeniveau gleichen und die Altersarmut in den niederen und mittleren Volksschichten weiterhin extrem zunehmen. Auch wenn die Politiker raten, zusätzlich für das Alter vorzusorgen, zeigt sich, dass die meisten Menschen ihrem Einkommen entsprechend dazu nicht in der Lage sind. Zudem stehen die Modelle für die Alterssicherung auf sehr wackeligen Beinen. Es ist zu befürchten, dass sie keine wirkliche Alternative bieten. Seit Jahrzehnten spricht man davon, dass die Schere zwischen Arm und Reich immer weiter auseinanderklafft, aber jene, die es ändern könnten, tun nichts dagegen, weil es sie nicht persönlich betrifft. Regelmäßig vor Wahlen werden die sozialen Probleme thematisiert, jedoch hinterher passiert zumindest nichts Positives.

Es ist schon eigenartig, dass bei den Diskussionen um die Renten die Pensionen ausgeklammert werden. Sie sind kein Thema, weil Bezieher von Pensionen und deren Hinterbliebene wesentlich besser abgesichert sind. Aber davon hört man in der Politik und selbst in der Presse so gut wie nichts. Das wird totgeschwiegen.
Da unsere verantwortlichen Politiker zeitlebens sehr gut finanziell versorgt sind, fehlt ihnen der Bezug zu den Problemen der *kleinen Leute.* Sie leben in einer ganz *anderen Welt.*
Es stimmt natürlich, dass die Generation der Jungen ungeheure finanzielle Lasten aufgebürdet bekommt, aber dafür kann man nicht das Gros der heutigen Alten verantwortlich machen. Außerdem werden die Lasten für die jungen Menschen nicht kleiner, wenn immer mehr Senioren auf die Grundsicherung zurückgreifen müssen.
Vielmehr wage ich als Laie mit vermeintlich gesundem Menschenverstand zu sagen, dass in unserer krisengeschüttelten Zeit mitunter die Politik versagt hat. Als die Rentenkassen noch gut gefüllt waren, wurde ein Teil davon im wahrsten Sinne des Wortes zweckentfremdet. Dieses Geld würde jetzt dringend benötigt. Zudem wagt man sich nicht an die *Großverdiener* heran, verschleudert Steuergelder, obwohl die Prokopfverschuldung schwindelerregend steigt. Über den Problemen Gesamteuropas vergessen die Politiker offenbar, *ihre Hausaufgaben* im eigenen

Lande verantwortungsvoll zu erledigen. Für notleidende Staaten in Europa werden Rettungsschirme in ungeheuren Größenordnungen aufgespannt, von denen hauptsächlich die Banken profitieren, aber die zwei Milliarden Euro, die man im Moment als Aufstockung für die Rentenkassen bräuchte, sind offenbar nicht verfügbar.

Es geht bei diesem Thema nicht nur um die Finanzen. Es geht vielmehr um die Wertschätzung. Niemand möchte im Alter zum Bettler werden und auf das Wohlwollen der Allgemeinheit angewiesen sein. Menschen, die zeitlebens hart gearbeitet und Familien versorgt oder ernährt haben, wollen nicht am Ende ihrer Tage vom Sozialamt abhängig sein. Sie tun sich auch schwer, von ihren Kindern Hilfe anzunehmen. Deshalb leben Senioren oft sehr bescheiden, ohne dass es in der Öffentlichkeit wahrgenommen wird. Sie schränken sich ein, um ihren Enkelkindern kleine Geschenke machen zu können, weil sie ein Leben lang für andere da waren und es als demütigend empfinden, kurz vor ihrem Lebensende im wahrsten Sinne des Wortes mit leeren Händen dazustehen.

Das Leben der Kinder

„Kinder sind Rätsel von Gott
und schwerer als alle zu lösen.
Aber der Liebe gelingt`s,
wenn sie sich selber bezwingt."

Christian Friedrich Hebbel

Es kommt nicht von ungefähr, wenn sich alte Menschen oft dahingehend äußern, dass es Kinder und Jugendliche in der heutigen Zeit schwer haben. Arm waren früher viele Kinder. Aber die Kinder unserer Zeit leiden vor allem an der Reizüberflutung und seelischen Verarmung. Jene, die in den Wohlstand hineingeboren werden, bekommen bereits im Babyalter ein ausgeklügeltes Programm vorgesetzt. Es darf nichts versäumt werden. Von pädagogisch wertvollem Spielzeug ist die Rede, aber auch Gameboy und Spielekonsolen haben bereits im Vorschulalter Einzug in das Kinderzimmer gefunden. Die Zeiten haben sich geändert. Schließlich sollen die Sprösslinge überall mitreden können. Angeblich wird so auf das Arbeiten am Computer oder Laptop vorbereitet. Meiner Meinung nach fördert es eher die Computersucht. Eine Zeitlang wurden Kinder vor dem Fernsehgerät ruhiggestellt, jetzt erledigt das der Computer, vor allem das Internet.

Die Devise: „Was nichts kostet, ist nichts wert!“ trifft mehr denn je zu. Das Teuerste ist gerade gut genug. Selbst Eltern, die vom Existenzminimum leben, glauben, dass Markenklamotten und Trendspielsachen unerlässlich sind. Sie arbeiten noch härter und noch mehr und verweigern ihren Kindern die wichtige Zeit der menschlichen Zuwendung. Dabei braucht ein Kleinkind für eine gesunde Entwicklung keinen Überfluss. Auf Flohmärkten werden billigst die teuersten Spielsachen angeboten. Einige wenige würden für die gesunde Entwicklung eines Kindes ausreichen. Es gibt zahlreiche Alternativen, dem zu frühen Konsum der modernen Medien durch unsere Kinder zumindest bedingt vorzubeugen.

Warum erzählen so wenige Eltern ihren Kindern Geschichten? Es gibt Kinderbücher in reicher Auswahl und noch schönere Bücher, die in Kisten oder auf Dachböden schlummern. Man braucht sich nicht allzu große Gedanken darüber machen, ob sie pädagogisch wertvoll und zeitgemäß sind. Schonender für die Phantasie der Kinder sind sie allemal, als all das, was heutzutage mitunter über den Bildschirm flimmert oder durch Computerspiele in den Köpfen unserer Kinder Unheil anrichtet.

In jüngster Zeit hegen einige Buchverlage die Absicht, in die Jahre gekommene beliebte Kinderbücher umschreiben zu müssen, weil sie Wortbezeichnungen beinhalten, die dem heutigen Sprachgebrauch nicht mehr entsprechen, ja möglicherweise als rassistisch angesehen werden könnten. Ich glaube, dass dies nicht notwendig ist, wenn man zuhörende Kinder dahingehend aufklärt, zu welchem Zeitpunkt diese Bücher entstanden sind. Es werden ja schließlich auch nicht alte Klassiker umgeschrieben, weil sie nicht mehr der heutigen Zeit entsprechen. Kinder lieben das Spielzeug ihrer Eltern und Großeltern, wenn man ihnen den Zugang dafür schafft. Kleinkinder, denen viel vorgelesen wird, entwickeln eine reiche Phantasie, sie bekommen sehr schnell einen ungeheuer großen Sprachschatz und sind gut gerüstet für ein emotional reiches Leben.

Wecken wir in unseren Heranwachsenden die Liebe zur Musik oder die Freude am Sport. Es muss nicht immer gleich Leistungssport sein.

Geben wir ihnen die Möglichkeit, die Natur kennenzulernen. Führen wir sie ein in die Welt der Pflanzen und Tiere. Lassen wir sie staunen über einen betörenden Sonnenaufgang und einen berauschenden Sonnenuntergang. Sie werden es uns mit seelischer Ausgeglichenheit und Freude am Leben lohnen.

Überzeugen wir sie davon, wie wertvoll jede Art von Leben ist, indem wir ihnen zeigen, wie wertvoll sie uns selber sind.

Setzen wir Prioritäten und nehmen wir uns Zeit, mit unseren Kindern zu spielen. Steine, Holzklötze, Malutensilien, Papier sind ausgezeichnete Grundmaterialien dafür.

Leben wir ihnen vor, dass man mit wenig Hab und Gut glücklich sein kann.

Viele Eltern werden jetzt sagen: „Woher sollen wir die Zeit dafür nehmen?" Das ist ein berechtigter Einwand. Unsere Gesellschaft muss sich verändern. Wir müssen Prioritäten setzen. Nur wenn die Mächtigen erkennen, wie wertvoll unsere Kinder sind, werden sie danach handeln und nicht nur davon reden. Sie müssen ein entsprechendes gesellschaftliches Klima schaffen und Mütter und Väter gleichberechtigt am gesellschaftlichen Leben teilhaben lassen. Der Mensch muss in den Vordergrund treten. Wir müssen denen eine Lobby geben, die keine haben. Eltern müssen mit Rechten ausgestattet werden, die ihnen genügend Zeit für ihre Kinder geben. Chancengleichheit für alle Kinder ist die Devise. Leider tut sich da ein weites brachliegendes Feld auf.

Ich selbst genieße es außerordentlich, Oma sein zu dürfen. Großeltern besitzen oft das uneingeschränkte Vertrauen ihrer Enkel. Es ist ihr Privileg, sie bis zu einem bestimmten Grad verwöhnen zu dürfen. Als selbstverständlich gilt, dass Oma Kuchen und Plätzchen bäckt, die Lieblingsspeise kocht, wunderbar trösten kann und Opa ein Baumhaus baut oder einen Großvater-Enkel-Abenteuerausflug in den Wald unternimmt.

Vor ein paar Tagen kehrte ich mit der Bahn am frühen Abend von einem Verwandtenbesuch nach Hause zurück. An einer Bahnstation stieg ein junges Paar mit zwei kleinen Kindern ein, eines davon wenige Monate, das andere etwa eineinhalb Jahre alt. Die Kinder waren müde und der Zug heillos überfüllt. Es war vorprogrammiert, dass nach kurzer Zeit in dieser Beengtheit und dem Trubel beide Kinder zu weinen begannen. Der Vater schaukelte hilflos den Säugling, die Mutter versuchte, das Kleinkind zu beruhigen. Schließlich übernahm sie auch noch das Baby. Sie wiegte es in der rechten Armbeuge. Es beruhigte sich halbwegs, aber das Kleinkind fühlte sich vernachlässigt und ließ sich auch vom ideenlosen Vater nicht trösten. Plötzlich hatte die Mutter, vielleicht aus der Not geboren, einen Einfall. Sie griff in ihre Handtasche und meinte zu dem kleinen Mädchen namens Kimberly: „Komm, Kimberly, jetzt schaun wir Videos an." Ich traute meinen Augen nicht, aber der kleine Zwerg starrte gebannt auf das Handy der Mutter. Jedes Mal wenn ein Video zu Ende war, fing Kimberly lauthals zu weinen an, da die Mutter nicht schnell genug war, das nächste Video nahtlos anzubieten. Ich bin nun wirklich keine rückständige Oma, bestens mit dem Internet vertraut und den neuen Medien zugewandt. Trotzdem glaube ich, dass so ein zartes Geschöpf derartiges in diesem Alter nicht konsumieren sollte. Möglicherweise hätten es auch ein paar Bilderbücher getan.

Bezeichnend für die Kinderfeindlichkeit in unserem Land waren letztendlich die Bemerkungen einiger Mitreisender, nachdem das junge Paar das Abteil verlassen hatte, wie z. B.:„Die sollen mit ihren Kindern daheim bleiben" oder: „Endlich ist jetzt Ruhe. Das war ja nicht auszuhalten." „Armes Deutschland!" bleibt mir da nur zu sagen. In vielen Ländern haben Kinder einen besseren Stellenwert als hierzulande. Dafür treibt man bei uns lieber seinen Kult mit „Hund und Katz"!

Automatisch dachte ich bei dieser Begebenheit im Zug an meine Kindheit zurück. Meine Eltern hatten ein hartes Leben und bestimmt nicht viel Zeit und wenig Geld. Trotzdem erzählte mein Vater oft am Abend selbsterfundene Geschichten, auch wenn er todmüde war. Er las aus Büchern vor und sang mit uns. Und - er sorgte dafür, dass jedes seiner Kinder eine Berufsausbildung bekam.

Es gibt auch heutzutage junge Familien, die sich rührend um ihre Kinder kümmern. Sie haben die Qual der Wahl bei dem Überangebot an Konsumgütern, die der Beschäftigung und Unterhaltung von Kindern dienen. Geschickt verpackte Werbung vermittelt vor allem Heranwachsenden das Gefühl, gewisse Dinge besitzen zu müssen, um glücklich zu sein. Aber das ist ein Trugschluss. Alle Wünsche erfüllt zu bekommen, hat nichts mit Glücklichsein zu tun. Viel wichtiger ist es, von seinen Eltern Aufmerksamkeit geschenkt zu bekommen und eine gute Bildung zu erhalten.

Vor einigen Jahren reiste ich mehrmals in eines der ärmsten Länder unserer Erde. Ich besuchte dort auch die Schule in einem Dorf. Sie war ein verhältnismäßig dunkler Raum mit ein paar Bänken und einer Tafel an der Wand. Unterrichtsmaterialien gab es nicht viele. Die Kinder waren begeistert von den Stiften und dem Papier, das ich mitgebracht hatte. Für die Mengenlehre benutzten sie ihre Finger. Es war nichts da, von dem sie abgelenkt werden konnten. Auffallend, dass sie ungeheuer wissbegierig waren, hoch konzentriert arbeiteten und gerne zur Schule gingen.

Möglicherweise übertreibt man hierzulande zuweilen. Angefangen vom Kindermädchen, teuren Kinderkrippen und Kindergärten bis zu Privatschulen und Eliteuniversitäten wird Kindern der vermögenden Schichten alles geboten. Mitunter werden daraus jene Exemplare, die ohne soziale Komponenten ins Auge zu fassen, später an den Schalthebeln der Macht stehen und egoistisch und skrupellos Menschen ausbeuten. Die kleinen Leute müssen sich mit dem begnügen, was von deren Tischen fällt. Und so ist es auch nicht verwunderlich, dass die Chance für eine gute Bildung vermehrt davon abhängt, in welches soziale Gefüge ein Kind hineingeboren wird.

Der Dienst am Menschen

Wenn der Dienst am Menschen schon unbezahlbar ist, so sollte er wenigstens leistungsgerecht materiell honoriert werden.

Idealisten, die sich für einen Beruf entscheiden, der den Mitmenschen dient, erhalten als Entgelt im *Wohlstandsland Deutschland* ein Almosen. Dies gilt besonders im Bereich des Dienstleistungsgewerbes, des Sozial-, Bildungs- und Gesundheitswesen. Es ist ein Armutszeugnis für unsere Gesellschaft, dass der Dienst am Menschen so wenig wert ist. Dabei gab es zu keiner Zeit einen so großen Personalnotstand auf diesen Gebieten. Mütter suchen händeringend nach bezahlbaren Betreuungsplätzen für ihre Kinder. Es ist nach wie vor ein Ammenmärchen, dass flächendeckend auf alle Dreijährigen z. B. im Freistaat Bayern ein Kindergartenplatz wartet, auch wenn er ihnen gesetzlich zusteht. Nach dem Kinderförderungsgesetz (KiföG) besteht ab 1. August 2013 sogar ein Rechtsanspruch auf einen Krippenplatz ab dem vollendeten ersten Lebensjahr. Wie das bewerkstelligt werden soll, steht in den Sternen. Das vielgepriesene *Betreuungsgeld,* das demnächst in Kraft tritt, täuscht nur darüber hinweg, dass es viel zu wenige Betreuungsplätze gibt. Es ist wunderbar, wenn Mütter in den ersten Lebensjahren für ihre Kinder da sein können. Das wäre der Idealfall. Allerdings muss man ihnen dafür meiner Meinung nach keine Prämie bezahlen. Viel wichtiger ist es, dass jenen, die es sich nicht leisten können, bei ihren Kindern zu bleiben, gute und bezahlbare Betreuungseinrichtungen in ausreichendem Maße zur Verfügung stehen. Die finanziellen Mittel, die für das *Betreuungsgeld* in Zukunft verschleudert werden, wären besser in kostenfreie Kindergartenplätze und die Aufbesserung der Gehälter von schlecht bezahlten Erzieherinnen investiert.

Die Etikette

„Wir können die Kinder nach unserem Sinne nicht formen; so wie Gott sie uns gab, so muss man sie haben und lieben; sie erziehen aufs beste und jeglichen gewähren lassen."

Johann Wolfgang von Goethe

Es ist wohl gängige Meinung, dass vor allem Kinder und junge Menschen Höflichkeit und Rücksichtnahme vermissen lassen. Dies darf man nicht verallgemeinern. Es gibt viele Kinder und junge Menschen, die nicht besser aber auch nicht schlechter sind, als wir es in unseren Entwicklungsjahren waren. In den Fällen, in denen es nicht so ist, sollten wir nach dem Warum fragen. Von Nichts kommt Nichts. Jede Gesellschaft gebiert ihre eigenen Kinder.

Erwachsene Menschen, die selbst keine Achtung vor ihren Mitmenschen haben, werden letztendlich auch von den eigenen Kindern nicht geachtet.

Wer selbst seinen Nachbarn nicht grüßt, darf es auch von seinem Sprössling nicht erwarten.

Wer in seinem eigenen Sprachschatz die Zauberworte bitte und danke nicht findet, der wird sie auch bei seinen Abkömmlingen vermissen.

Wer seine Kinder zu Egoisten erzieht, in dem er ihnen alles bietet, was mit Geld zu bezahlen ist, braucht sich nicht zu wundern, wenn der Hunger nach Konsum ins Unermessliche steigt.

Wer geringschätzig auf andere herabsieht und sie nicht als ebenbürtig betrachtet, weil sie materiell ärmer sind, trägt dazu bei, dass unsere Gesellschaft gefühllos handelt.

Es ist nicht notwendig, jungen Menschen vor dem Eintritt ins Berufsleben ein Etikette-Seminar zu empfehlen. Das ist vergebene Liebesmüh. Auch danach wird es an Herzensbildung fehlen. Aufgesetzte Höflichkeit wirkt aalglatt und ist eher peinlich. Wer bis zu diesem Zeitpunkt nicht erfahren hat, wie man menschenwürdig miteinander umgeht, wird es wohl nur noch schwer erlernen können.

Es ist verwerflich, dass sich kinderreiche Familien Pöbeleien dahingehend gefallen lassen müssen, sie würden nicht verantwortlich handeln, weil sie ihren Kindern nicht alles Erdenkliche bieten könnten und auf Kosten der Allgemeinheit leben. Das ist unverschämt. Außerdem werden es mitunter deren Kinder sein, die das Alter der Egoisten finanzieren werden. Kinder müssen sowohl Verzicht als auch Rücksichtnahme lernen und erleben. Ich bin nach wie vor der Meinung, dass kein Kind einen seelischen Schaden erleidet, wenn es nur in Ausnahmefällen Markenkleidung bekommt. Auch das neueste Handy ist nicht nötig. Wichtiger ist es, sich Zeit zu nehmen und es dem Kind zu erklären, aus welchen Gründen es diese Produkte nicht haben kann. Kinder sollten frühzeitig lernen zu teilen, Verantwortung zu übernehmen und auf ihre Mitmenschen zu achten. Leider gibt es viel zu viele Zeitgenossen, die nur sich selbst sehen. Und so ist es nicht verwunderlich, dass alten Menschen in öffentlichen Verkehrsmitteln immer öfter kein Platz mehr angeboten wird, Menschen verachtet und Schwache misshandelt werden. Wir müssen hinsehen, was mit unseren Mitmenschen passiert. Zivilcourage ist gefragt. Es ist wichtig, dass wir unsere eigene Meinung, die nicht der Norm entspricht, auch in der Öffentlichkeit vertreten und danach handeln. Es gibt viel zu viele angepasste Zeitgenossen. Öffnen wir unseren Kindern die Augen für Ehrlichkeit, Mitgefühl und Hilfsbereitschaft.

Und bedenken wir eines: Die wichtigste Mitgift für unsere Kinder ist, dass sie von ihren Eltern Liebe und Fürsorge erfahren und in ihnen das richtige Feingefühl für den Umgang mit ihren Mitmenschen verankert wird. Aber das kann nur gelingen, wenn Bezugspersonen auch in ausreichendem Maß anwesend sind und sich um ihren Nachwuchs kümmern können.

Mangelware ist zudem die Toleranz in unseren Tagen. In Deutschland leben Menschen mit den unterschiedlichsten Wurzeln. Vielfalt kann Reichtum bedeuten, wenn wir offen dafür sind. Heutzutage werden Migranten gern in eine Schublade mit sog. Sozialschmarotzern gesteckt. Viele leben nicht anders als wir selbst. Sie haben Familien, arbeiten, zahlen Steuern und sorgen dafür, dass Deutschland nicht ausstirbt. Wir reden davon, dass sie sich integrieren sollen. Das ist richtig. Leider geben wir ihnen oft nicht die Möglichkeit dazu, und nicht wenige von uns wollen nichts mit ihnen zu tun haben. In jeder Gesellschaft gibt es Missstände. Es ist natürlich leicht, gewisse Volksschichten dafür verantwortlich zu machen, um von den wirklichen Problemen abzulenken.
Machen wir die Augen auf!
Gehen wir aufeinander zu und akzeptieren wir uns gegenseitig! Wenn Europa eine Zukunft haben soll, dann ist dies unerlässlich.
Außerdem können wir ungeheuer viel von einander lernen.

Dazu fällt mir eine kleine Episode am Rande ein, geschehen während eines Rückflugs vom Urlaub in der Türkei in einer Maschine der „Turkish Airline".

Neben mir hatte ein türkischer, vermeintlich älterer Herr Platz genommen. Zuerst glaubte ich, er würde mit seiner Familie reisen. Mehrere türkische junge Mitreisende kümmerten sich um ihn. Er hielt auch das Bordpersonal auf Trab, aber die jungen Damen erfüllten ihren Service sehr liebenswürdig und mit Engelsgeduld, ohne ärgerlich zu werden. Mein Nachbar hatte so seine Eigenheiten, baute um sich herum seine Habseligkeiten auf und für mich blieb, da ich bei der Dreierkombitation der Sitze den mittleren innehatte, nur mehr ein halber Platz übrig. Zuerst dachte ich mir: „So ein Pascha" und überlegte, ob ich ihn diesbezüglich ansprechen sollte. Aber die freundliche Stewardess, die anfing, den Imbiss zu servieren, lenkte mich ab. Besagter Herr hatte Probleme, seine Schüsselchen, Becher und Tassen auf der Ablage vor sich unterzubringen. Bis zu diesem Zeitpunkt hatte er mich keines Blickes gewürdigt. Da ich ihn aber sehr wohl aus den Augenwinkeln beobachtet hatte, siegte mein Humor. Ich zupfte ihn am Ärmel und deutete ihm an, dass er seinen „Cay" auf meiner Seite abstellen könne. Und plötzlich überzog sich sein Gesicht mit einem Strahlen, als ob die Sonne aufging. Er sprach verhältnismäßig gut Deutsch, was darauf zurückzuführen war, dass er lange Zeit in Deutschland gearbeitet hatte und auf dem Weg zu seinen Kindern war, die allesamt in Deutschland lebten und hier auch integriert sind. Er betonte immer wieder, dass er eine wunderbare deutsche Schwiegertochter habe. Und dann erfuhr ich von ihm, dass er 88 Jahre alt sei. Das war ihm wirklich nicht anzusehen. Jetzt war mir auch klar, warum er im Flugzeug so zuvor-

kommend und respektvoll von seinen türkischen Mitreisenden behandelt wurde, die wie sich herausstellte, keine Verwandten waren. Jeder, der die Türkei besucht, kann beobachten, dass alte Menschen dort in der Regel Achtung und Ehrfurcht von ihren jüngeren Mitmenschen erfahren.

So war es früher auch hierzulande. Heute werden viele alte Menschen günstigstenfalls belächelt, lächerlich gemacht, abgeschoben und schlimmstenfalls ausgenützt. Oft haben sie das Gefühl, sie sollten am besten nicht mehr da sein. Ich erinnere nur daran, wie gedankenlos oft Witze über die Alzheimer Krankheit gemacht werden oder so flapsige Bemerkungen wie: „Na Alter, hast Du wohl deine Medikamente nicht genommen?" Das ist demütigend für Menschen, die zudem selbst erkennen, dass sie mit zunehmendem Alter immer mehr Fähigkeiten langsam verlieren. Gedankenlosigkeit, Oberflächlichkeit, Gefühllosigkeit und mangelndes Verantwortungsgefühl führen zu diesen Verhaltensweisen.
Wenn es uns gelingt, unseren Kindern und Kindeskindern Herzensbildung zu vermitteln, werden wir es schaffen, in Zukunft gut miteinander auszukommen.

Übrigens! Der alte Herr wurde von seiner Großfamilie auf dem Flughafen wortreich in Empfang genommen und herzlich begrüßt. Es war wirklich schön anzusehen.

Die Bildung

Bildung hat nichts mit Einbildung zu tun, aber trotzdem bilde ich mir ein, dass viel zu wenig für die Bildung getan wird.

Sie ist zwar in aller Munde, aber es passiert nur sehr wenig, um sie allen Menschen in gleichem Maße zugängig zu machen.

Unser Schulsystem ist krank, wird ständig behandelt, in jedem Schuljahr mit einer anderen Arznei. Zu viele glauben das Allheilmittel zu kennen. So schnelllebig unsere Zeit ist, so schnelllebig sind die Lehrpläne an den Schulen. Ein Erfolg zahlreicher Reformen ist nicht zu erkennen, eher schon ein Bildungsnotstand. Es kann und darf nicht sein, dass selbst Studierende der *Deutschen Rechtschrift* nicht mächtig sind und sich nicht korrekt äußern können. Hilflos überforderte Lehrer haben derzeit vor allem dafür zu sorgen, dass Schulen einen halbwegs guten Notendurchschnitt vorweisen können. Eine gute Statistik ist das Maß aller Dinge. Der einzelne Schüler bleibt auf der Strecke, da die individuelle Begleitung durch Pädagogen nicht ausreichend geleistet werden kann.

Es ist an der Tagesordnung, dass Kinder der *Nachhilfe* bedürfen. Und das zwingt uns zum Nachdenken. Viele Heranwachsende können die *Hausaufgaben* nicht mehr ohne ständige Mithilfe durch ihre Eltern erledigen. Sind diese aus den unterschiedlichsten Gründen dazu nicht fähig, bleiben Kinder schon in der Grund- und Hauptschule bzw. Mittelschule auf der Strecke und erreichen keinen Schulabschluss. Es kommt vor, dass Auszubildende bei Eintritt in das Berufsleben nicht flüssig lesen und fehlerfrei schreiben können oder die Grundrechenarten nicht beherrschen. Einerseits klagt die Wirtschaft über Fachkräftemangel, andererseits ist man hierzulande nicht in der Lage, Kindern und Jugendlichen die nötige Bildung zu vermitteln.

Zudem nimmt die Zahl der verhaltensgestörten jungen Menschen ständig zu. Dies gilt allerdings nicht nur für die unteren Schichten. Auch Menschen, denen im Kindesalter Konsum und Bildung im Überfluss zuteil werden, haben mitunter ein Defizit an menschlicher Zuwendung und werden krank.

Tatsache ist jedenfalls, dass der Abstand zwischen den sozialen Schichten immer größer wird, zumal auch immer weniger Kinder aus einfachen Familien studieren, besonders seitdem zumindest in Bayern noch immer Studiengebühren erhoben werden, die in wenigen Monaten der Vergangenheit angehören.

Junge Menschen, die über einen guten Studienabschluss verfügen, werden nicht selten vorerst von ihren Arbeitgebern beim Berufseinstieg durch unbezahlte Praktika ausgenützt, erhalten Zeitverträge und müssen froh sein, wenn sie nahtlos den Berufseinstieg schaffen, vor allem, wenn sie keine wirtschaftsorientierten Berufe wählen. Wenn man davon ausgeht, dass Studienbeihilfen teilweise zurückgezahlt werden müssen, Darlehen für Studiengebühren sowieso, ist es nicht verwunderlich, dass junge Menschen schon verschuldet ins Berufsleben starten. Ist ihnen der Einstieg gelungen, warten die nächsten Schwierigkeiten auf sie. Die Tatsache, warum so wenig junge Paare Kinder bekommen, ist mitunter darin begründet, dass sie nicht verlässlich davon ausgehen können, dass ihr Fortkommen gesichert ist und sie sich eine Existenz aufbauen können. Viele halten es für verantwortungslos, Kinder in so eine Welt zu setzen. Außerdem ist jungen Frauen, die mit dem Gedanken spielen, Kinder zu bekommen, klar, dass die berufliche Karriere dann meist zu Ende ist, bevor sie richtig begonnen hat. Wenn sie trotzdem weiterhin in ihrem Beruf erfolgreich sein wollen, sehen sie sich gezwungen, sehr schnell ins Arbeitsleben zurückzukehren. Das ist nur möglich, wenn es gute Alternativen für die Betreuung ihres Nachwuchses gibt. Derartige Einrichtungen sind, falls überhaupt vorhanden, meist sehr kostspielig. Frauen oder auch Männer, die nach der bezahlten Elternzeit diesen Zeitraum unbezahlt auf drei Jahre verlängern, falls sie sich das überhaupt leisten können, haben zwar einen gesetzlichen Anspruch, dass ihr Arbeitsverhältnis bestehen bleibt, jedoch keinen Anspruch auf ihren ursprünglichen Arbeitsplatz. Sogar im öffentlichen Dienst sieht es in der Praxis so aus, dass junge Mütter mit einer Versetzung an einen anderen Ort rechnen müssen.

Gesegnetes Alter

Ins Schicksal verwebt
Gelebte Fadenkreuze
Brüchig das Linnen

Christine Gradl

Glücklich darf sich jeder schätzen, der in der eigenen Familie alt werden kann. Leider ist diese Ideallösung sehr oft aus den unterschiedlichsten Gründen nicht möglich.

Die Betreuung in vielen Seniorenheimen gleicht mehr einer *Aufbewahrung*. Krankenschwestern und das Pflegepersonal in den entsprechenden Einrichtungen sind hoffnungslos überfordert. Einerseits kann ich die Pflegerinnen verstehen, die versichern: „Wir tun unser Möglichstes." Andererseits war ich hilflos der Situation ausgesetzt zu wissen, dass die Unterbringung meines Angehörigen alles andere als optimal war. Nur es fehlten brauchbare Alternativen. Um Missverständnissen vorzubeugen. Es gab bei der Pflege meiner Mutter ein paar sehr fähige Betreuerinnen, denen ich immer dankbar sein werde. Bedauerlicherweise waren sie nur sporadisch eingesetzt und hatten viel zu wenig Zeit. Ich glaube, dass alte Menschen feste Bezugspersonen brauchen, zumindest, wenn sie hilflos und nahezu erblindet sind, und davon gibt es nicht wenige im Alter. Es gäbe zahlreiche Alternativen, wie man alten Menschen mehr Lebensqualität vermitteln könnte. Aber dafür fehlt das Geld. Die Träger der Alten- und Seniorenheime arbeiten gewinnorientiert. Das gilt für private und kirchliche Einrichtungen. Wenn in der Tagespresse immer wieder Veranstaltungen und Aktivitäten in Altenheimen gepriesen werden, muss ich erfahrungsgemäß darauf hinweisen, dass davon nur verhältnismäßig rüstige Altenheimbewohner profitieren, alle anderen vermissen die dadurch verminderte persönliche Zuwendung des Pflegepersonals. Es wird immer wieder stark auf diesem Gebiet für das Ehrenamt geworben. Und es gibt viele Idealisten, die dieses Ehrenamt auch erfüllen und sich alten Menschen widmen. Aber es gibt andererseits auch gut ausgebildete akademische therapeutische Fachkräfte, die nur sehr schwer einen Arbeitsplatz finden, obwohl sie über ein Diplomstudium an einer renommierten Universität verfügen. Sie sind für die Träger der Einrichtungen einfach zu teuer. Sie fristen mehr oder weniger ihr Dasein in Teilzeitjobs oder auf Honorarbasis in psychiatrischen Krankenhäusern und Rehakliniken. Dabei wären sie sehr hilfreich z. B. im Bereich der Betreuung von Demenzkranken, von denen es in Zukunft immer mehr geben wird. Hätten sich diese Fachkräfte für ein wirtschaftsorientiertes Studium entschieden, könnten sie jeder-

zeit Karriere machen und hätten keine Zukunftssorgen. Aber sie wollten ihr Talent in den Dienst für die Menschen stellen.
Dieses Manko muss uns zu denken geben. Eine staatliche Führung, der es nicht gelingt, dafür zu sorgen, dass Sozialberufe angemessen bezahlt werden, hat erhebliche Defizite. Es ist eine Gratwanderung. Wer soll in Zukunft bei sinkenden Kinderzahlen die veraltete Gesellschaft überhaupt pflegen? Vielleicht ist die Antwort: ein Roboter oder paradoxerweise die Kinder der unteren Schichten. Von ihnen profitieren allerdings dann wiederum die Vermögenden, denn die Menschen mit mittleren und unteren Einkommen werden sich bald keine bezahlbare Pflege mehr leisten können.

Es ist Tatsache, dass bereits jetzt alte Menschen, deren Betreuung für ihre Angehörigen zu teuer wird, ins östliche Ausland abgeschoben werden, weil es dort die stationäre Pflege in Heimen als Sonderangebot gibt. So gerne junge Menschen reisen und sich die Welt ansehen wollen, so gerne möchten alte Menschen in ihrer gewohnten Umgebung bleiben. Wenn das schon nicht möglich ist und sie ihren eigenen persönlichen Lebensraum verlassen müssen, so ist es umso bitterer, wenn man sie auch noch außer Landes bringt. Menschen werden somit in der letzten Phase ihres Lebens entwurzelt. Dazu kommt, dass sie sich nicht einmal mit dem Pflegepersonal unterhalten können, dessen Sprache sie in der Regel nicht sprechen, und so nur sehr schwer soziale Kontakte entstehen.

Bedenken wir: Es handelt sich um die Menschen, denen wir unser Leben verdanken und die weitestgehend die Grundlage geschaffen haben, dass wir überhaupt ein menschenwürdiges Dasein führen können.

Die viel zitierten Werte

Sie werden als Schlagworte häufig verwendet. Aber das ist alles Schall und Rauch.

Öffnen wir endlich die Augen!

Was nichts kostet, ist nichts wert.
Besser gesagt: Wir lassen uns nur das etwas kosten, was uns etwas wert ist.
Es bleibt die Frage:

Was oder wer ist uns etwas wert?

Wo unsere Werteskala steht, zeigt sich daran, wer in unserer Gesellschaft das große Geld verdient. Jedenfalls sind es nicht diejenigen, die den Menschen dienen. Ansehen genießt, wer im Rampenlicht steht, sich etwas leisten kann, etwas besitzt, wer erfolgreich ist im materiellen Sinn. Wie er sein Ziel erreicht, interessiert nicht wirklich.

Ich denke an ein Gespräch mit einem früheren Kollegen, der mir einmal von einem Freund erzählte, der aus einer „guten Familie" stamme. Auf meine Frage: „Woran erkennst Du, dass er aus einer guten Familie stammt," bekam ich die Antwort: „Sein Vater war ein hoher Beamter." Natürlich kann dieser hohe Beamte ein guter Mensch gewesen sein, aber ich bin mir sicher, dass ich in jedem Fall aus einer guten Familie stamme, auch wenn mein Vater von Beruf Waldfacharbeiter war.

Nach welchen Kriterien bewerten wir eigentlich Menschen?

Einer Meldung des statistischen Bundesamtes zufolge wurden im 2. Quartal des Jahres 2012 in Deutschland 26.900 Abtreibungen vorgenommen.
Das ist mehr als erschreckend. Es steht mir nicht zu, auch nur über eine einzige Abtreibung zu urteilen, da sicher keine Frau leichtfertig diesen Weg geht. In Fällen von Schwangerschaften, die durch Vergewaltigungen zustande kommen, ist die Lage noch schwieriger.
Feststeht, dass durch einen Schwangerschaftsabbruch einem menschlichen Wesen die Chance, leben zu dürfen, genommen wird. Ich weiß nicht, ob überhaupt eine Frau ein solch einschneidendes traumatisches Erlebnis verarbeiten kann, und ich stelle mir deren seelische Nöte in ihrem weiteren Leben furchtbar vor.

Dieser Tage dauern die Diskussionen über den Bluttest, mit dem man Trisomie 21 eines Embryos bei Schwangeren feststellen kann, an. Man bringt schwangere Mütter damit in noch größere Gewissenskonflikte, als sie es bisher schon waren, wenn sie sich für oder gegen eine Fruchtwasseruntersuchung entscheiden sollten, da dieser neue Test sehr einfach durchgeführt werden kann, und deshalb sicher vermehrt in Zukunft davon Gebrauch gemacht wird.

Ist es legitim, Kindern das Leben zu verwehren, weil sie mit einem Down-Syndrom zur Welt kommen?
Mütter und Väter von Kindern mit Down-Syndrom erzählen häufig davon, dass diese Kinder eine echte Bereicherung für die Familien sind und wahre Lebensfreude versprühen. Außerdem kamen in der Vergangenheit immer wieder Kinder mit angeblichem Down-Syndrom gesund zur Welt. Es gibt die unterschiedlichsten Arten von Behinderungen bei Menschen mit Down-Syndrom.
Feststeht, dass es weitaus schlimmere Beeinträchtigungen im Leben eines Menschen gibt. Die einen kommen bereits mit körperlichen oder geistigen Gebrechen zur Welt, andere erleiden sie durch Unfall oder Erkrankung im Laufe ihres Lebens.
Wer gibt uns das Recht, darüber zu entscheiden, wann ein Mensch das Recht auf Leben hat?
Es wird nicht mehr lange dauern, bis Eltern mit Hilfe der Wissenschaft das Erbgut ihrer Kinder bestimmen können. Auf diese Art und Weise darf nach meiner Überzeugung niemand in die Schöpfung eingreifen.

Man spricht so viel von *Sozialer Inklusion* an Kindergärten und Schulen, ja - es besteht sogar eine gesetzliche Grundlage dafür.
Es ist eine wunderbare Sache, Behinderte und Nichtbehinderte miteinander aufwachsen zu lassen und sie entsprechend ihrer Fähigkeiten zu fördern. Nur muss man dringend die entsprechenden Voraussetzungen dafür schaffen, angefangen von gut ausgebildetem ausreichenden Personal und den entsprechenden Räumlichkeiten. Und das kostet nun einmal Geld, sinnvoll investiertes Geld im Hinblick auf unsere gemeinsame Zukunft.

Jeder Mensch, ob behindert oder nicht, ist wertvoll. Und jeder Mensch ist eine Bereicherung für die Gesellschaft. Die Gesellschaft muss es nur erkennen, und - die Gesellschaft muss die Behinderten anerkennen und dafür sorgen, dass ihr Leben so angenehm wie möglich wird. Es fängt damit an, dass wir uns ganz selbstverständlich um unseren Nächsten kümmern und das nicht als etwas Besonderes betrachten. Leider sind viele Kommunen noch nicht behindertengerecht ausgestattet. Rollstuhlfahrer haben größte Probleme, in Städten zurechtzukommen. Bordsteine sind teils nicht abgeflacht, Straßenbeläge nicht behindertengerecht und viele öffentliche Gebäude verfügen nicht einmal über einen Fahrstuhl. Selbst die Bahn können viele Behinderte nur benutzen, wenn sie ihre Fahrt ein paar Tage vorher anmelden.

Und so stellt sich wiederum die Frage:
„Was ist uns der Mensch heutzutage überhaupt noch wert?“

Menschen werden benutzt und ausgenutzt bis über die Grenzen ihrer Belastbarkeit. Wenn jemand die Vorgaben von Vorgesetzten nicht erfüllt, wird er durch einen anderen ersetzt. Burnout ist nicht nur ein Modewort unserer Tage. Zwar gibt es Zyniker, die behaupten, dass es diese Krankheit gar nicht gibt, aber es ist egal, welchen Namen man diesem Zustand gibt. Menschen sind jedenfalls in zunehmendem Maße sprichwörtlich am Ende. Selbstmord gehört zum Alltag. Ratlos sieht man zu, wie Kinder missbraucht, ermordet und ganze Familien ausgelöscht werden. Dies ist das Spiegelbild unserer Gesellschaft. Macht und Geld heißt die Devise. Skrupellosigkeit gehört oft zum Handwerkszeug der Erfolgreichen.

Wo verstecken sich da die vielgepriesenen Werte?

Die sozialen Kontakte

Klick im Internet
Suche Raum für einen Traum
Login: Kein Eintrag

Christine Gradl

Es ist in unserem Lande schon eine Weile her, dass das soziale Verhalten durch die Struktur von Großfamilien maßgeblich beeinflusst wurde. Ich selbst stamme aus einer Familie mit sechs Kindern. In den früheren Generationen meiner Familie und der meines Mannes waren durchwegs nur Großfamilien zu finden. Zwar gab es damals keinen Wohlstand, vielmehr hatten alle mehr oder weniger zu kämpfen, ihre Familien halbwegs gut ernähren zu können, trotzdem zeichneten sich diese Familienverbände dadurch aus, dass ihr Zusammenhalt einzigartig war. Da es sich meist um bäuerliche Strukturen oder solche von Arbeitern mit landwirtschaftlichem Nebenerwerb handelte, waren die Mütter voll beschäftigt. Sie trugen maßgeblich zum Lebensunterhalt bei. Sie verfügten nur über wenig Zeit, sich intensiv mit ihren Kindern zu befassen, wurden aber durch Eltern oder nicht verheiratete Geschwister, die mit in die Familie integriert waren, teilweise entlastet. Zudem kam, dass die Kinder miteinander spielten und nicht, wie viele Einzelkinder in unserer Zeit, sehr schnell Langeweile verspürten. Natürlich wurden Kinder auch frühzeitig zur Mithilfe in der Landwirtschaft oder anderen Tätigkeiten herangezogen. Heute würde man das als Kinderarbeit bezeichnen. Damals waren diese Verhaltensweisen oftmals durch die Not bedingt.

Da es keine große Auswahl an Medien gab, lange Zeit nur das Radio und eine regionale Tageszeitung für Unterhaltung und Information sorgten, war es schon vorgegeben, dass die Menschen untereinander Kontakte knüpften. In meiner Kindheit hatten nur einzelne Begüterte ein Kraftfahrzeug und so machte man sich zu Verwandtenbesuchen zu Fuß oder mit dem Fahrrad auf den Weg. Das gesellschaftliche Leben war also auf einen gewissen Umkreis beschränkt.
Es gab auch in meiner Kindheit Privilegierte, die sich bereits Urlaubsfahrten z. B. nach Italien leisten konnten.

Einen Teil meiner Ferien verbrachte ich auf dem Bauernhof meiner Tante oder in der Gaststätte einer anderen Tante in einem nahegelegenen Ort. Zwar musste ich in schöner Regelmäßigkeit in der Schule einen Aufsatz über „mein schönstes Ferienerlebnis" schreiben, aber da ich schon damals über eine reiche Fantasie verfügte, war dies für mich keine große Schwierigkeit. Meine Ferien unterschieden sich nicht groß von einander. Urlaub auf dem Bauernhof betrach-

ten viele Kinder heutzutage als Abenteuer. Ich genoss es hauptsächlich, für kurze Zeit den heimatlichen Gefilden zu entfliehen. Im zarten Alter von zehn Jahren betreute ich während der Sommerferien zuhause tagsüber meine zwei kleineren Geschwister und führte den Haushalt, während meine Mutter mit meinen zwei älteren Schwestern durch „Beerensammeln" in den umliegenden Wäldern die Finanzen der Familie aufbesserte.
Und so erzählte ich in meinen Schulaufsätzen nicht die realen Begebenheiten sondern das, was ich gerne erlebt hätte.

Im Nachhinein gesehen hat mir dieses frühe Übertragen von Verantwortung für andere nicht geschadet. Da ich im Alter von zwanzig Jahren heiratete und bald Mutterpflichten für meine eigene Familie übernehmen musste, profitierte ich aus den in der Kindheit gewonnenen Erfahrungen. Natürlich lassen sich diese Gegebenheiten nicht auf heutige Verhältnisse übertragen.
Ich selbst schenkte drei Kindern das Leben. Heutzutage sind Familien mit mehreren Kindern Mangelware. So gibt es zahlreiche Einzelkinder, die beschäftigt werden wollen.

Ein Mittel der Kommunikation ist das Handy. Es ist inzwischen selbst für Kinder und Jugendliche unentbehrlich. Nicht nur die stete telefonische Erreichbar-

keit wird als unabdingbar betrachtet, auch das Schreiben und Erhalten von SMS hat sich schon fast zur Sucht entwickelt. Da man sich per SMS mehr oder weniger im Telegrammstil äußert, färbt dies auch auf den umgangssprachlichen Sprachschatz ab, sofern überhaupt noch eine Unterhaltung zustande kommt. Vielmehr sind meist die Augen gebannt auf das Handy gerichtet, und was im Umfeld passiert, nimmt keiner mehr wahr. Vor allem junge Menschen vereinsamen durch übermäßigen Internetkonsum, pflegen keine unmittelbaren sozialen Kontakte mehr und in jedem Fall leidet die Gesprächskultur in den Familien. Je kleiner Handys und iPads werden, umso leichter sind sie verfügbar und umso mehr sind Menschen in der Datenwelt des Internets gefangen. Wie heißt es doch so schön in einer Internetwerbung für das i-Pad eines weltbekannten Unternehmens:
„Das iPad ist wie ein magisches Fenster, bei dem nichts zwischen dir und den Dingen steht, die du machst.“
Es erübrigt sich, dem etwas hinzuzufügen.

Inzwischen ist sich jeder klar darüber, dass das Internet das Leben der Menschen verändert hat. Das leidige Thema Datenschutz ist in aller Munde. Und so ist der erste Schritt, durch Machenschaften im Internet missbraucht zu werden, meist dadurch gegeben, dass sich Kinder und Jugendliche nicht der Tatsache bewusst sind, sich im wahrsten Sinne des Wortes *gläsern* zu machen, je mehr persönliche Informationen sie dem Netz anvertrauen.

Sicher übermittelt uns dieses Medium auch eine Fülle von Daten, die wir mehr oder weniger sinnvoll nutzen können. Während früher Recherchen in Bibliotheken oder Lexika mühsam vonstatten gingen, genügt heutzutage oft ein einziger Klick im Internet.
Nicht zuletzt wird auf diesem Wege sogar eingekauft und verkauft.

Große Macht auf den Einzelnen, besonders auf Kinder und Jugendliche üben die sozialen Netzwerke aus. Sie dienen u. a. der Kommunikation, der Information, der Werbung und der Pflege von sogenannten Freundschaften. Setzt man bei Erwachsenen noch voraus, dass sie mit diesem Medium umgehen können, ist für die uneingeschränkte Nutzung durch Kinder und Jugendliche Vorsicht geboten. Menschen ohne die nötige Lebenserfahrung werden in eine Scheinwelt entführt, geben persönliche Daten preis, die überall auf der Welt abrufbar sind und machen sich dadurch angreifbar. Nicht selten wird auf diesem Gebiet das Internet für Straftaten missbraucht.

So gesehen verwandelt es sich bei sorglosem Gebrauch immer mehr vom Segen zum Fluch.

Vom Mangel an Zeit

Sand in meiner Hand
zerrinnt zwischen den Fingern
so wie Zeit vergeht

Christine Gradl

„Wenn ich Zeit hätte“, meinen viele, „würde ich alles anders machen.“ Möglicherweise steht ihnen einmal viel Zeit zur Verfügung, wenn sie diese nicht mehr brauchen. Es könnte auch sein, dass sie sich sehr schnell vom Leben verabschieden, so dass sie dann wirklich keine Zeit mehr haben.

Nicht von ungefähr leiden viele Menschen an Herz- und Kreislauferkrankungen oder werden von Depressionen heimgesucht. "Soll das alles gewesen sein?" ist die häufig gestellte Frage. Viele sehen keinen Sinn mehr in so einem Leben. Sie landen in einer *Sackgasse* und finden ohne Hilfe nicht mehr heraus. Stress, so heißt es, fördert die Anfälligkeit für Krebs. Wir sind Getriebene in diesem Räderwerk unserer Gesellschaft.

Lasst uns rechtzeitig ausbrechen, aussteigen aus diesem mörderischen Kreislauf!
Wenn Menschen erkranken, wenn sie *am Boden* sind, haben sie plötzlich Zeit. Sie werden gezwun-

gen, sich mit ihrem Leben und ihrer Krankheit auseinanderzusetzen. Es fällt ihnen wie Schuppen von den Augen. Sie erkennen die Einmaligkeit ihres Daseins, und wenn ihnen das Geschenk der Genesung zuteil wird, beginnen sie nicht selten eine Art neues Leben.

Zeit entsteht, wenn wir sie uns nehmen und uns mit ihr auseinandersetzen. Wir verschwenden unsere Zeit nicht, wenn wir sie mit anderen teilen oder an andere verschenken. Sie wird dadurch wertvoll, es ist niemals eine verlorene Zeit.
Übrig bleiben glanzvolle Erinnerungen, die wir niemals missen möchten.

Setzen wir Prioritäten, bevor wir leidvoll dazu gezwungen werden.

Je mehr Menschen nicht mehr bereit sind, sich für den Wohlstand verheizen zu lassen, umso mehr hat die Menschheit die Chance, in einem humanen Umfeld zu leben. Möglicherweise brechen dann auch nicht mehr so viele Beziehungen auseinander.

Politikverdrossenheit

Selbst Politiker
treten am Bahnsteig zurück
wenn der Zug abfährt

Christine Gradl

Oft beklagt wird die Politikverdrossenheit. Gute Politiker sind Mangelware. Ich persönlich glaube, dass für die Mehrzahl nur wichtig ist, dass sie vom Volk gewählt werden und mehrere Legislaturperioden überstehen. Möglicherweise stehen sie sich selbst am nächsten. Das Schicksal des Großteils der Bevölkerung fällt nicht ins Gewicht. Es gibt zahlreiche Talkshows im Fernsehen, in denen Politiker zu Wort kommen. Sie sind selbstverständlich sehr wortgewandt und verstehen es meisterhaft, sich gut darzustellen. Laien, die zu solchen Sendungen eingeladen werden, haben meist nur eine sehr kurze Redezeit, und ihre Argumente werden oft nicht ernst genommen. Unsere Politiker können die Probleme vieler Menschen nicht nachvollziehen, da sie in ganz anderen gesellschaftlichen und wirtschaftlichen Verhältnissen leben.
Umso mehr haben viele Zeitgenossen kein Verständnis für Diskussionen um höhere Bezüge für das Amt eines evtl. Bundeskanzlers oder über die Er-

höhung von Bezügen für Abgeordnete und deren Altersversorgung. Man stellt den Bezügen von Politikern gerne die Höhe von Managergehältern oder Wirtschaftsbossen gegenüber. Selbstverständlich sind deren hohe Einkünfte schon lange nicht mehr vertretbar, noch dazu, da jene nicht einmal Verantwortung für Fehlentscheidungen und Misswirtschaft tragen müssen. Im Gegenteil, sie erhalten noch großzügige Abfindungen, wenn sie ihre Ämter verlassen.

Und wie steht es mit den Politikern?
Wenn der höchste Repräsentant der Bundesrepublik Deutschland sein Amt wegen undurchsichtiger Vorgänge nach kurzer Amtszeit niederlegen muss, erhält er hierzulande trotzdem einen Ehrensold auf Lebenszeit in beträchtlicher Höhe. Das ist durch die Politik gesetzlich abgesegnet und bedarf dringend einer neuen Regelung. Politiker dienen dem Staat und sind Volksvertreter. Meiner Meinung nach brauchen wir Politiker, die über ein Höchstmaß an Intelligenz und Sachverstand verfügen. Sie sollten sehr gut bezahlt werden. Allerdings dürften Sie keine weiteren Einkommensquellen, Nebenjobs, Aufsichtsratspositionen und andere lukrative Posten begleiten. Damit wären sie neutral, unantastbar, nicht erpressbar und könnten ihr Talent und ihr Können ganz dem Wohl der Menschen zur Verfügung stellen. Ich glaube, dass sich die Mehrzahl der sogenannten *Politikverdrossenen* nicht ernst ge-

nommen fühlt und nicht als Handlanger zur Macht missbraucht werden will. Natürlich ist die sich immer mehr einschleichende Gleichgültigkeit der Menschen gegenüber der Politik eine Gefahr für die Demokratie, nur scheint dies der Wahrnehmung unserer Politiker verborgen zu bleiben. Es kann und darf nicht die wichtigste Aufgabe sein, aus Eigennutz oder Fraktionszwang Versprechungen im Wahlkampf zu machen, die weitgehend in der Zukunft nicht erfüllt werden können.
Vielmehr sollten die Vertreter des Volkes eine Vorbildfunktion einnehmen.
Denn - Wie soll unsere Jugend den Sinn für Werte entwickeln?

Die Politik ist gefordert: Schonungslose Aufklärung der Bevölkerung auch über den wirklichen derzeitigen Stand der Finanzkrise, sofern die Politik dazu überhaupt in der Lage ist, heißt die Devise. Achtung, Verlässlichkeit und Ehrlichkeit sind gefragt. Aussagen unserer Politiker verändern sich stündlich. Man kann sich eben auf nichts mehr verlassen. Die Staatsschulden steigen in schwindelnde Höhen. Ist es da verwunderlich, dass ein Teil der Bevölkerung ebenfalls auf Pump lebt?

Und noch eins:
Politiker müssen glaubwürdig sein.

Es ist sicher richtig, dass unser Staat – und das sind wir alle – sparen muss. Aber dieses Sparen kann und darf nicht immer zu Lasten der *kleinen Leute* gehen. Es ist schon fast makaber, dass man das Ansinnen von Reichen, die sogar bereit wären, mehr Steuern zu zahlen, einfach nicht beachtet. Der Bund der Steuerzahler zeigt in schöner Regelmäßigkeit auf, wie Steuergelder verschwendet werden. Denken wir nur an die Bauruine des Berliner Flughafens oder an das Projekt *Stuttgart 21*.

Die Liste an Ungerechtigkeiten lässt sich fortsetzen:

Das vielgepriesene Betreuungsgeld bekommen in Zukunft auch all jene, die über ein hohes Einkommen verfügen.

Als Grundlage für das Elterngeld gilt das Einkommen der Eltern. Dies zeigt, dass nicht alle Kinder und auch nicht alle Eltern gleich viel wert sind.

Und man gibt sogar öffentlich preis, dass für die Anpassung der Zeiten für die Rentenansprüche von Kindererziehungszeiten für Mütter, deren Kinder vor 1992 geboren wurden, kein Geld da ist.
Andererseits werden ohne darüber zu reden sehr gute Beamtenpensionen und Hinterbliebenenpensionen bezahlt, für die derzeit nicht einmal entsprechende

Rücklagen gebildet werden. Aber darüber macht sich niemand Gedanken, ob der Staat sich das leisten kann. Es schleicht sich vielmehr der Verdacht ein, dass sich Politiker, wie es im Volksmund so schön heißt, nicht *ins eigne Fleisch schneiden* wollen, da auch sie zu den Nutznießern der derzeit geltenden Besoldungsrichtlinien zählen.

Und zu guter Letzt: Die Kosten für die notwendige Energiewende zahlen weitestgehend die kleinen Haushalte nach dem Motto: „Kleinvieh macht auch Mist!"

Muss man unter all diesen Vorzeichen nicht den Glauben an verantwortungsvolle Politiker verlieren?

Die Rolle der Kirchen im Alltag

Blick vom Gipfelkreuz
Unter mir friedlich das Land
Fatamorgana

Christine Gradl

Gerade heutzutage suchen viele Menschen nach Halt und Orientierung. Psychologen, neurologische Praxen und Beratungsstellen für die unterschiedlichsten Probleme in allen Lebensphasen sind gefragter denn je. Der Esoterikmarkt boomt und allerlei Sekten freuen sich über steigende Mitgliederzahlen. Menschen geraten in Abhängigkeiten, werden manipuliert und ausgenützt. Dies kommt nicht von ungefähr.

Der Grund dürfte darin liegen, dass immer mehr Menschen ihre religiöse Heimat verlieren.

Woran liegt das?

Es gibt ein weites brachliegendes Feld mit vielen wertvollen Aufgaben, derer sich die Kirchen annehmen könnten und müssten.

Möglicherweise sollten sich die kirchlichen Institutionen mehr an *Christus* orientieren und nach seinen Grundsätzen handeln.

Innerhalb der *Kirchen* geht es zu sehr um Macht. Das lässt sich aber überhaupt nicht mit der Lehre Jesu vereinbaren, der ganz ohne Macht sein Leben opferte.

Eine Religionsgemeinschaft sollte für jeden, der ihr angehört, eine wirkliche Lebenshilfe sein.

Ich denke an frühere Generationen, die einen unerschütterlichen Glauben an Gott hatten und nach diesem Glauben auch lebten. Sie wurden selten mutlos, auch wenn es das Leben nicht immer gut mit ihnen meinte. Allerdings war ihre Handlungsweise oft von einem gesunden Menschenverstand begleitet, der mitunter nicht buchstabengetreu mit den Lehren der katholischen Kirche übereinstimmte. Sie lebten mit den Menschen und für die Menschen und praktizierten so ihren Glauben. Dies war und ist auch heute für religiöse Menschen, die um ihren Glauben ringen, nicht leicht. Ich wage zu behaupten, dass es noch immer zahlreich gläubige Menschen gibt, auch wenn sie nicht unbedingt einer *Kirche* angehören oder sich enttäuscht von ihr abgewendet haben. Die großen *Kirchen* haben sehr viel Vertrauen verspielt. Es ist ganz natürlich, dass wir uns mit der Geschichte unserer abendländischen Religion kritisch auseinandersetzen. Und da gibt es viele dunkle Punkte zu finden, angefangen von der Unterdrückung des niederen Volkes, vor der auch Kirchenfürsten nicht

Halt machten, bis zu den Kriegen, die im Namen der Religion geführt wurden und den Zwangsmissionierungen in fernen Ländern. Deshalb sollten wir toleranter mit jenen umgehen, die einer anderen Konfession angehören.

Gegenwärtig herrscht Fassungslosigkeit und Entsetzen über die körperlichen und sexuellen Missbrauchsfälle an Kindern durch Priester, vor allem, weil sie so schleppend aufgeklärt werden und die Täter lange Zeit durch Schweigen geschützt wurden. Es schleicht sich der Verdacht ein, dass man eher die Täter schützt, als versucht, den Opfern zu helfen. Möglicherweise will man auch die Fassade der Organisation Kirche nicht beflecken.

Die großen *Kirchen* haben über Jahrhunderte hinweg ein dichtes soziales Netzwerk aufgebaut. Dieses Verdienst will niemand schmälern, aber auch außerhalb der Kirchen gibt es soziales Engagement. Mittlerweile arbeiten kirchliche Einrichtungen genauso gewinnorientiert wie jedes Wirtschaftsunternehmen. Und sie zeigen sich als Arbeitgeber oft nicht besonders sozial und honorieren die Leistungen der Arbeitnehmer in ihren Einrichtungen mitunter schlecht. Sie lassen Toleranz und christliche Nächstenliebe vermissen, wenn sie Beschäftigten kündigen, die durch ihre Lebensweise nicht den Richtlinien ihrer *Kirche* entsprechen.

Natürlich ist es beeindruckend, wie sich Kirchen bei Weltjugendtagen, Katholikentagen und Kirchentagen präsentieren. Aber das bleibt nur schillerndes Beiwerk. Und - wenn ein kirchlicher Würdenträger *die Kirche von unten* als Parasiten bezeichnet, vermisse ich jegliche christliche Nächstenliebe. Dabei gibt es viele Laien, die sich in den Dienst der Kirche stellen, aber leider auch Diözesen, die deren Arbeit nicht entsprechend würdigen, so dass einige *das Handtuch werfen.* Die Rolle der Frau in der katholischen Kirche ist nach wie vor skandalös. Solange in der Liturgie immer noch die jüngst vorgetragene Sonntagslesung zu finden ist, in der es heißt: „Die Frau sei dem Manne untertan", braucht man wohl nicht weiter darüber zu diskutieren.

Die Institution Kirche hat sich viel zu weit von den Menschen entfernt. Unsere Priester sind da gefragt, wo Not herrscht, wenn Menschen krank sind, verzweifeln, Schicksale zu bewältigen haben, eben Hilfe brauchen. Leider sind sie eine Rarität. Sie müssen ihre wertvolle Zeit mit Organisations- und Verwaltungsarbeiten verbringen, anstatt sich ausreichend der Seelsorge widmen zu können.
Lieber versteift sich die Amtskirche mitunter darauf, die harte konservative Linie zu vertreten.
Wer hat eigentlich das Recht, Menschen vom Empfang der Eucharistie auszuschließen? Ist es nicht eine Herzensangelegenheit, wie jeder Einzelne sein Leben

mit Hilfe Gottes meistert. In der Eucharistie suchen Menschen die engste Gemeinschaft mit Jesus. Haben dies nicht jene mitunter am nötigsten, deren Lebensentwürfe nicht so verlaufen, wie sie es sich vorgestellt haben?

Jesus gehörte keiner Konfession an. Wenn es in der katholischen Kirche keine Missstände gegeben hätte, wäre die Reformation nicht nötig gewesen. Ob Jesus in der Wandlung gegenwärtig wird oder beim Empfang der Eucharistie mag für die Kirchen von Bedeutung sein. Für viele Menschen ist das Theorie. Haben die Verantwortlichen der beiden christlichen Kirchen noch immer nicht begriffen, dass in der Praxis das Kirchenvolk schon lange eine gute Ökumene lebt, während die Amtsträger noch immer darüber streiten.

Und noch eines:
Jesus hat sich nie mit den Mächtigen verbündet. Er war stets auf der Seite der Armen, der Ausgestoßenen, der Sünder, eben derer, die seiner Hilfe bedurften. Er lud laut *Neuem Testament* die zu sich ein, die *mühselig und beladen* waren und sind. Jeder kennt wohl das Wort Jesu: „Was ihr den Geringsten meiner Brüder getan habt, das habt ihr mir getan."

Wenn die Kirchen dann noch das Bibelzitat beherzigen: „Liebe Deinen Nächsten wie Dich selbst," werden sie auch eine Zukunft haben, aber bis dahin ist noch ein sehr weiter Weg.

Während ich das Manuskript meines Buches abschließend überarbeite, erreicht mich die Rundfunkmeldung vom überraschenden Rücktritt Papst Benedikt XVI. Dieser Schritt verdient uneingeschränkten Respekt.
Ich glaube, dass niemand in der Gegenwart mehr mit der katholischen Kirchenlehre vertraut ist als er, der vor seiner Wahl zum Papst 25 Jahre Präfekt der Glaubenskongregation war. Er hatte mitunter ein schwieriges Pontifikat zu meistern und galt als kein bequemer Papst.
Sicher litt er unter den Missständen, die in der Kirche herrschen, und er rang intensiv um Lösungen. Er war ein demütiger, bescheidener Papst, der sich nicht scheute, in seiner Rücktrittserklärung um Verzeihung für all seine Fehler zu bitten.

Nicht von ungefähr lag ihm die *Entweltlichung* der Kirche sehr am Herzen. Vielleicht glaubte er, dass damit allmählich das Streben der Kirche nach Macht der größeren Liebe zu den Menschen weichen würde.

Am 09. April 2005 war Papst Benedikt XVI. in seiner Eigenschaft als Kardinal Joseph Ratzinger Zelebrant des Trauergottesdienstes für Johannes

Paul II. Menschen aus aller Welt verfolgten über den Bildschirm dieses Ereignis, das von einem stürmischen Frühlingswind begleitet wurde, der auch vor den *Heiligen Schriften* auf dem Petersplatz nicht Halt machte.
Unter diesen Eindrücken entstand damals mein Haiku:

In Trauer vereint
Der Wind bringt Bewegung
ins Buch der Bücher

Was Papst Benedikt XVI. durch sein Pontifikat letztlich alles bewegt hat, wird die Zukunft weisen.

Die Gnade des Lebens

Gestern und heute
Stunden, Tage und Jahre
vereint Geschichte

Christine Gradl

Wie wertvoll unser Leben ist, erkennen wir am besten, wenn es ernsthaft in Gefahr ist.
Unbekümmert genießen wir es in der Regel in den Jahren der Kindheit, wenn die Verantwortung dafür nicht in unseren Händen liegt. Teile Europas, darunter auch wir Deutschen, dürfen seit 1945 in Frieden leben. Durch die Gunst der späteren Geburt können viele von uns nicht wirklich ermessen, welches Leid unsere Vorfahren erlebt haben. Wir verfolgen täglich in den Medien die Schreckensbilder der Kriege, die weltweit toben, zucken hilflos mit den Schultern und hoffen, dass wir nie persönlich ein solches Schicksal erleiden müssen.
Unseren Eltern und Großeltern gelang unter großen Mühen durch Genügsamkeit und beispielhaften Fleiß der Wiederaufbau Deutschlands im Anschluss an den 2. Weltkrieg. Das darauffolgende vielgepriesene Wirtschaftswunder war nicht zuletzt deren Verdienst. Die junge Generation, die in den Wohlstand hineingeboren wurde, vermag nicht zu ermessen, was

in diesen Nachkriegsjahren unter erheblichen Entbehrungen geleistet wurde. Durch den Berliner-Mauerfall am 09. November 1989 und die offizielle Wiedervereinigung Deutschlands am 03. Oktober 1990 wurde vielen Menschen in Ostdeutschland ein Leben in Freiheit geschenkt und zahlreiche Familien zusammengeführt. An den finanziellen Lasten für die Einheit trägt der Staat noch heute. Natürlich macht die Finanzkrise in Europa nicht vor unserem Land Halt. Auch hierzulande gibt es Menschen, die Not leiden und kein einfaches Leben haben. Mehr als die Hälfte des Gesamtvermögens in Deutschland gehört den reichsten 10 Prozent unserer Bürger. Die untere Hälfte der Bevölkerung verfügt lediglich über 1 Prozent Vermögen. Dies zeigt, dass man hierzulande nicht solidarisch ist. Wenn man laut Armutsbericht der Bundesregierung Armut dahingehend definiert, dass *arm* ist, wer über weniger als 850,00 € pro Haushalt im Monat verfügt, so sind das 60 Prozent des mittleren Einkommens eines Haushalts in der Bundesrepublik Deutschland.

Darüber können auch die zahlreichen Statistiken nicht hinwegtäuschen, die hierzulande von einer niedrigen Arbeitslosenquote bei sozialversicherungspflichtigen Arbeitsverhältnissen sprechen. In dieser Quote sind auch alle Arbeitsverhältnisse enthalten, die im Niedriglohnsektor bestehen und Menschen folgerichtig von ihrem Job nicht leben können. Sie müssen entweder durch Hartz IV aufstocken oder mehrere Jobs annehmen. Solange Menschen, die acht Stunden am Tag arbeiten, nicht von ihrer Hände Arbeit leben können, kann man in Deutschland meiner Meinung nach nicht von sozialer Marktwirtschaft sprechen.

Vor allem allein erziehende Elternteile trifft ein hohes Armutsrisiko. Man spricht davon, dass mehr als 40 Prozent der Kinder in Armut aufwachsen. Dies hat vor allem damit zu tun, dass Kindererziehung und Beruf nur schwer zu vereinbaren sind. Und schon wieder wird die berechtigte Frage nach Solidarität laut. Im Sinne von sozialer Gerechtigkeit sind die Begüterten aufgefordert, mit denen zu teilen, die arm sind. Und dafür müssen verantwortungsvolle Politiker sorgen. Das verlangt die Ethik. Gerne halten uns Politiker den Spiegel vor Augen mit der Aussage, die Bevölkerung würde auf hohem Niveau jammern. Schließlich würden die Menschen in Deutschland im Vergleich zum übrigen Europa durch ein halbwegs gutes soziales Netz aufgefangen. Das mag schon sein. Aber ich habe noch keinen Reichen kennengelernt, der freiwillig auf sein Vermögen verzichtet und sich mit den Leistungen der Grundsicherung zufriedengibt. Also, wer für sich selber mehr beansprucht, dem muss auch das Wohl seines Nächsten am Herzen liegen. Und das gilt erst recht, wenn es um unsere Kinder und Kindeskinder geht. Kein Betrag darf für die, die über Geld im Übermaß verfügen zu viel sein für den Ausbau von entsprechenden Einrichtungen für Kinder und deren Bildungsmöglichkeiten. Chancengleichheit heißt die Devise, Chancengleichheit für die Kinder und auch Chancengleichheit für deren Eltern gegenüber dem Rest der Gesellschaft.

Wir kennen es gut
das Elend im Fernsehen
und schalten es ab

Christine Gradl

Weite Teile der Erdbevölkerung leben nicht nur in Armut, sondern in erbärmlichen Verhältnissen. Die Klimaveränderung sorgt für zusätzliche Katastrophen durch Dürre, Hochwasser, Erdbeben usw. Wir sind bis jetzt weitestgehend vor derartigen Naturereignissen verschont geblieben, umso mehr müssen wir den Betroffenen helfen. Wir, die wir nach den Gesichtspunkten der armen Länder mehr oder weniger alle reich sind, müssen sie teilhaben lassen, und vor allem dürfen wir nicht verantwortungslos diese Länder ausbeuten. Viele Regionen verfügen über reiche Bodenschätze. Nicht selten werden deswegen auf Kosten der hilflosen Bevölkerung Kriege geführt. Spekulationen an den Börsen, die selbst vor Getreide nicht Halt machen, verteuern die Preise für Grundnahrungsmittel in Entwicklungsländern. Flüchtlingslager, Hunger, Krankheit und Tod sind die Folge. Überwiegend fliehen Menschen, deren Leben bedroht ist, sei es durch Gewalt oder durch Hunger, in unser Land. Und es gibt andere, die deshalb kommen, weil sie die Hoffnung haben, bei uns menschenwürdig leben zu können. Wir nennen sie ganz einfach *Wirtschaftsflüchtlinge.*

Immer häufiger bitten Menschen aus Ländern, die Beitrittsverhandlungen zur EU führen, in Deutschland um Asyl, weil sie in ihren Herkunftsländern auf Grund ihrer Rasse ausgegrenzt werden, ihre Kinder keine Chancen haben und sie nicht menschenwürdig leben können. Die Europäische Union darf nicht müde werden, ihren Einfluss auf die Regierungen dieser Länder deutlich zu machen, dass in Europa die Menschenrechte gewahrt werden müssen. Es darf nicht sein, dass man diese Probleme einfach dahingehend stillschweigend lösen will, dass man kurzerhand diese Länder zu sicheren Herkunftsstaaten erklärt und somit eine Handhabe dafür hat, dass man diese Menschen abschieben kann.
Und es entbehrt jedes menschenwürdigen Verhaltens, wenn Familien jahrzehntelang in unserem Land zwar geduldet werden, aber man ihre Gewährung auf Asyl unverhältnismäßig lange hinauszögert. Dies hat zur Folge, dass sie keine Arbeitsgenehmigung bekommen und so ihren Lebensunterhalt nicht selbst bestreiten können, aber ihre Kinder hier heranwachsen und Deutschland als Heimat betrachten.

Ein Fall machte erst kürzlich durch eine Dokumentation im Bayerischen Fernsehen Schlagzeilen, in der das Leben eines jungen Menschen geschildert wurde, der nach Erreichen seiner Volljährigkeit in einer Nacht- und Nebelaktion nach Lettland abgeschoben wurde. Hier in Deutschland wurde eine Familie auseinander-

gerissen. Die Eltern dürfen mittlerweile nicht mehr abgeschoben werden, da sie schwer psychisch erkrankt sind. Kein Wunder, da das Leben ihres Sohnes nach einer langen Odyssee, in der er versuchte, sich sowohl in Deutschland als auch in Lettland ein geordnetes Leben aufzubauen mit Selbstmord endete, da man ihn nirgends haben wollte und er in keinem Land einen Pass erhielt. Er brachte sich schließlich 2010 um, da er keinen Ausweg mehr sah. Es handelte sich bei dem jungen Mann um einen intelligenten Menschen, der vor seiner Abschiebung noch drei Monate bis zu seinem Realschulabschluss gehabt hätte, und der mehr als bereit war, sich zu integrieren. Jeder, der ihn kannte, musste zugeben, dass er sich in Deutschland eine Zukunft hätte aufbauen können.

Ganz abgesehen davon, dass diese Vorgehensweise der Behörden zum Himmel schreit, ist zu bedenken: Deutschland leidet an einem Mangel an jungen, Menschen. Deutsche Unternehmen suchen Fachkräfte, Menschen die bereit sind, sich zu bilden. Dieser junge Mann hätte in dieses Schema wunderbar gepasst. Aber Deutschland wollte ihn nicht haben. Die Mühlen der deutschen Bürokratie, die von Menschen bedient werden, haben ihn ohne Skrupel abgelehnt, hinausgeworfen und seiner Verzweiflung überlassen.

Die Schöpfung

Geschenk des Himmels
Du musst sie nur sehen
die täglichen Wunder

Christine Gradl

Dazu gehört der Schutz der Umwelt und der verantwortungsvolle Umgang mit den Ressourcen der Natur.

Wir dürfen nicht müde werden, eine sinnvolle Bodennutzung in der dritten Welt zu unterstützen, die der Ernährung der Bevölkerung im Lande dient und den Hunger bekämpft. Möglicherweise könnten wir verhindern, dass der Kreis der Hungernden größer wird, wenn wir mehr Hilfe zur Selbsthilfe leisten würden. Zudem müssen wir ein Auge darauf werfen, dass nicht die Schwächsten für den Lebensstandart der Wohlhabenden missbraucht werden. Kinderarbeit in den Entwicklungsländern senkt die Preise für viele Gebrauchsartikel hier bei uns. Brandmarken wir die Firmen und Unternehmen, die noch immer davon Gebrauch machen. Kaufen wir deren Waren einfach nicht. Mancher Kleinverdiener kann es sich nicht leisten, auf diese Billigware zu verzichten, aber es gibt Teile unserer

Bevölkerung, die durchaus preisbewusster einkaufen könnte.

Biosprit ist nicht nur nach Meinung der Weltgesundheitsorganisation ein Verbrechen gegen die Menschheit. Millionen von Menschen verhungern täglich, dabei hat unsere Landwirtschaftspolitik nichts besseres zu tun, als Biogaswerke zu fördern, die u. a. auch mit Mais gespeist werden. Nahrungsmittel sind einzig und allein für die Ernährung der Menschen lebensnotwendig, und wir verheizen sie oder verwenden sie als Kraftstoff für unsere Autos. Wir sprechen von Klimaveränderung und legen im gleichen Atemzug Monokulturen an. Wir plündern Regenwälder für unseren Wohlstand, obwohl wir wissen, dass sich das bitter rächen wird, und wir verbauen Landschaften unter dem Motto: „Nach uns die Sintflut!“ Die Verunreinigung der Luft und Gewässer nimmt ständig zu. Vermehrte Krebserkrankungen sind die Folge. Trotzdem baut unsere Autoindustrie weiter fleißig Luxuslimousinen anstelle von ausschließlich energiesparenden Fahrzeugen.

Mir klingen schon wieder die Worte von Zeitgenossen in den Ohren: „Aber keiner will sich doch wirklich einschränken.“

Meine Antwort lautet: „Wir haben für alles Mögliche Gesetze. Nützen wir sie dazu, wofür man sie wirklich braucht!“

Um jeden Preis

Gewalt zeugt Gewalt
Nur ein Kuckucksei im Nest
birgt Kind der Liebe

Christine Gradl

Eine funktionierende Wirtschaft für unser Land und ganz Europa ist zweifelsfrei von großer Bedeutung. Aber es kann und darf nicht sein, dass die Grundsätze der Ethik dabei außer Kraft gesetzt werden. Solange Deutschland aus materiellen Gründen Waffen in krisengeschüttelte Regionen liefert, die nur dazu dienen, dass Diktatoren in Zukunft ihr eigenes Volk abschlachten, sind Hilfstransporte und humanitäre Hilfen im Ernstfall eine Farce. Wir laufen sehenden Auges in immer mehr Katastrophen, die nicht gestoppt werden können, wann immer wir es uns wünschen. Nach dem zweiten Weltkrieg gab es den Ausspruch: „So etwas dürfe nie mehr passieren!“. Heute sind Grausamkeiten und Gewalttaten in immer unmenschlicheren Kriegen mehr den je an der Tagesordnung und wir liefern das Handwerkszeug.

Wir haben Medien im Überfluss, Medien die jeden Einzelnen erreichen können. Klatsch ist an der Tagesordnung. Warum benutzen verantwortungsvolle

Politiker nicht die Medien für die Zwecke, die für das Volk lebenswichtig sind.

Wo ist der Politiker, der ohne um seine Karriere zu fürchten, schonungslos preisgibt, was die Menschheit unter diesen Vorzeichen erwartet.

Wo sind die Politiker, die parteiübergreifend nicht *wirtschaftshörig* und *bankenfreundlich* alles abnicken, was von ihnen verlangt wird.

Da bleibt uns wohl nur, die Nadel im Heuhaufen zu suchen.

Die Not des Sterbens

Einsame Tage
jagen endlose Nächte
Kein Morgen in Sicht

Christine Gradl

In den letzten Jahrzehnten wurde immer weniger über den Tod gesprochen. Trotzdem schwebt er nach wie vor wie ein Damoklesschwert über uns, ja er stellt sich für die meisten von uns als ernsthafte Bedrohung dar.

Mittlerweile hört man die schönen Worte: „Der Tod gehört zum Leben!“ wieder häufiger.
In wieweit sind diese großen Worte hilfreich?
Es kommt natürlich darauf an, unter welchen Vorzeichen man sein Leben aufgebaut und geführt hat. Es heißt, dass gläubige Menschen eher mit dem Tod zurecht kommen. Das erklärt sich von selbst. Jeder, für den der Tod nicht das Ende bedeutet, der also an ein Fortleben nach dem Tod glaubt, trägt bei seinem Ableben die Hoffnung in sich, in irgendeiner Weise fortzubestehen. Christen, Muslime und Juden verbinden ihren Tod mit dem Glauben an die Auferstehung oder das Paradies, auch wenn sie nur schemenhaft ahnen, wie sich das gestalten soll. Im Buddhismus und Hinduismus glaubt man an die

Reinkarnation, allerdings in unterschiedlichen Auslegungsarten. Selbst Atheisten reden gerne davon, dass sie in gewisser Weise in der Erinnerung ihrer Nachkommen weiterleben.

Woran der Einzelne auch immer glaubt – in der Todesstunde ist er meiner Überzeugung nach mehr oder weniger allein. Deshalb fürchten sich auch viele Menschen nicht vor dem Tod selbst, sondern vielmehr vor dem Prozess des Sterbens. Selbst wenn Angehörige und Freunde alles versuchen, den Sterbenden in seiner schweren Stunde durch ihre Anwesenheit zu begleiten, macht sich große Hilflosigkeit breit.

Wie verhält es sich nun mit dem Phänomen Tod?

Zahlreiche geheimnisvolle Geschichten ranken sich um ihn. Einmal ist er ein ziemlich wüster Geselle, dem jeder am liebsten entkommen möchte, ein anderes Mal wird er nach langem Leiden als barmherziger Erlöser betrachtet. Als ich noch ein kleines Mädchen war, starb der Großteil der Menschen Zuhause im Kreis seiner Familie. Kranke und alte Menschen gehörten zum Familienalltag. Es war also sehr oft ein langsames Absterben, das von jedem Familienmitglied wahrgenommen wurde. Somit war die Scheu vor dem Dahingeschiedenen nicht so groß. Die Toten wurden in trauter Umgebung aufgebahrt, Angehörige nahmen mitunter tagelang Abschied, Nachbarn kamen, und es wurde gemeinsam für den Toten gebetet. Der Schmerz des Abschieds war ebenso groß wie in unserer Zeit, aber der Schmerz wurde zugelassen, und der Schmerz erfüllte die Menschen gemeinsam. Das Wort Gemeinsamkeit wird immer mehr von dem Wort Einsamkeit verdrängt.

Früher beteten die Menschen darum, vor einem *jähen, unvorhergesehenen Tod* bewahrt zu werden. Mittlerweile denken viele anders darüber. Sie meinen: „Hoffentlich geht alles schnell und schmerzlos." Auf jeden Fall ist der Schock für die Angehörigen nach wie vor groß, wenn sie unvorbereitet den Tod eines lieben Menschen beklagen müssen. Die Phase des so wichtigen Abschiednehmens fällt dann weg. Anders verhält es sich, wenn der Tod für einen Menschen absehbar ist. Oft ist es für alle Beteiligten schwer, sich darüber zu unterhalten, aber es ist wichtig, sich auszusprechen und alles Nötige zu ordnen, bevor es zu spät ist. Ich meine damit nicht nur die weltlichen Dinge, die mit dem Sterben einher gehen. Es fällt auf, dass die Geschäfte rund um den Tod blühen. Es werden nicht nur Särge von unterschiedlicher Holzqualität angeboten, das Design und die Farbe der Särge ändert sich fortlaufend, sogar vor dem Probeliegen im Sarg hat man nicht Halt gemacht. Es gibt alle möglichen Arten von Bestattungen und Zeremonien in allen Preislagen, ganz abgesehen von den sündhaft teuren steinernen Grabdenkmälern, die vielen Toten gesetzt werden. Vielleicht sollte man einfach dabei bedenken, dass dem Verstorbenen von all dem nichts zugute kommt. Es ist alles nur Show. Ob man die im Tod braucht, ist die Frage.

Viel wichtiger ist das würdevolle Gestalten des Lebens von Todkranken.

Da nicht alle Sterbenden im Kreise der Familie ihre letzten Tage verbringen können und auch Pflegeheime vor allem mit der Schmerztherapie oftmals überfordert sind, wurde aus dieser Not eine Tugend gemacht, die Gründung der Hospize. Sie sind eine segensreiche Einrichtung. Soweit es möglich ist, wird hier durch gezielte Schmerztherapie und vor allem durch viel menschliche Zuwendung auf die Bedürfnisse von Todgeweihten eingegangen. Das Grundprinzip von Hospizen ist, den Menschen in ihrer letzten Lebensphase soviel Lebensqualität wie möglich zu bieten. Es versteht sich von selbst, dass solche Einrichtungen kostenintensiv sind. Für den Fall, dass jemand unheilbar krank ist, weder zu Hause, im Krankenhaus noch in einem Pflegeheim betreut werden kann und nur mehr eine kurze begrenzte Lebenszeit in Aussicht hat, übernehmen die gesetzlichen Krankenkassen unter gewissen Umständen teilweise die Kosten für ein Hospiz. Da es noch viel zu wenig Einrichtungen dieser Art gibt, leisten auch ehrenamtliche ambulante Hospiz-Vereine wertvolle Dienste. Sie sind nicht für die Pflege zuständig, sondern stehen Sterbenden und ihren Angehörigen bei und bieten Trauerarbeit für die Hinterbliebenen an. Sie übernehmen eigentlich das, wozu im Wandel der Zeit die Familien nicht mehr in der Lage sind.

Heiß diskutiert wird in unseren Tagen die aktive und passive Sterbehilfe. Dies ist eine Thematik, mit der sich jeder Einzelne intensiv befassen muss. Viele Zeitgenossen setzen sich für Sterbehilfe ein, solange sie selbst noch gesund und munter sind. Nicht selten ändern sie ihren Entschluss, wenn es ernst wird.

Ich persönlich teile die Meinung meiner Mutter.
Das menschliche Leben ist wertvoll bis zuletzt in all seinen Facetten. Niemand hat das Recht, es selbst zu beenden.

Ich bete darum, dass ich die Not des Sterbens einmal aushalten kann ohne zu verzweifeln,
und ich bitte darum, dass ich menschenwürdig sterben darf, wenn meine Zeit gekommen ist.

Resümee

Verloren den Tag
Gewonnen Erinnerung
Vergessen überlebt

Christine Gradl

Ich möchte mein Leben, so wie ich es bis zum heutigen Tage führen durfte, nicht missen. Mich erfüllt tiefe Dankbarkeit, dass ich gerade in meine Familie hineingeboren wurde. Auch wenn meine Kindheit nicht von materiellem Überfluss geprägt war, durfte ich insgesamt doch eine glückliche Kindheit und Jugend erleben.

Aufgrund meiner reichen Lebenserfahrung versuche ich, mit diesem Buch den Blick des Lesers ein wenig darauf zu richten, was lebenswichtig ist. Es sollte ein Blick sein, der nicht nur das sieht, was für den Einzelnen von Bedeutung ist, sondern vor allem, was für unsere Nachkommen existenziell ist. Wir leben in einer Welt, in der es zahlreiche Möglichkeiten gibt, sich ein gutes, lebenswertes Dasein aufzubauen, wenn man materiell dazu imstande ist. Die Schnelllebigkeit, die unsere Zeit prägt, geht mit der Oberflächlichkeit, die die Handlungsweise vieler Menschen bestimmt, einher. Junge Menschen erfahren täglich hautnah, wie sorglos vom Reichtum gesegnete Bürger diesen Wohlstand bis zur Neige auskosten und ihre Mitmenschen zur Beruhigung des eigenen Gewissens mit ein paar Almosen abspeisen.

Wir reden davon, dass wir unseren Nachkommen keine Welt im Chaos hinterlassen dürfen, aber unsere Handlungsweise straft uns Lügen.

Wir leben schon lange nicht mehr im Einklang mit der Schöpfung.

Unsere Gesellschaft ist zerfressen von Egoismus und Gleichgültigkeit. Verschließen wir nicht die Augen vor den Problemen unserer Mitmenschen nach dem Motto: „Das geht uns nichts an!"

Damit wir in unserer Welt nicht emotional erfrieren, müssen wir unseren eigenen Egoismus besiegen und die Würde unserer Mitmenschen achten.

Leben wir so, dass unsere Kinder nicht einmal von uns sagen müssen:

Die Chance vertan
der Möglichkeiten viele
verwirkt das Leben